| CLAUDIA GUDERIAN * ARBEITSBLOCKADEN ERFOLGREICH ÜBERWINDEN |

| CLAUDIA GUDERIAN |

Arbeitsblockaden
erfolgreich
überwinden

Schluss mit Aufschieben,
Verzetteln, Verplanen!

Kösel

Wenn du eine Stunde lang glücklich sein willst, betrink dich.
Wenn du einen Tag lang glücklich sein willst, feiere ein Fest.
Wenn du eine Woche lang glücklich sein willst, verreise.
Wenn du ein paar Monate lang glücklich sein willst, verliebe dich.
Wenn du ein Leben lang glücklich sein willst, liebe deine Arbeit.

Nach einem chinesischen Sprichwort

© 2003 by Kösel-Verlag GmbH & Co., München
Printed in Germany. Alle Rechte vorbehalten
Druck und Bindung: Kösel, Kempten
Umschlaggestaltung: Kaselow Design, München
Umschlagmotiv: photonica / H.Jike
ISBN 3-466-30610-8

Was sind Arbeitsblockaden?

»Es fängt damit an, dass ich mir den Wecker stelle und denke: Ich habe so viel zu tun, ich muss ganz früh aufstehen. Und wenn der Wecker losgeht, denke ich: Ach nee, ich habe überhaupt keine Lust. Ich stelle ihn noch mal aus. Und noch mal aus. Und irgendwann denke ich: Jetzt muss ich aber aufstehen. Und dann schaffe ich das endlich, mich wenigstens zum Frühstück hinzusetzen. Ich fahre schon mal den Computer hoch, baue alle Bücher auf, die ich brauche, und setze mich hin. Ich fange an, eine Seite zu lesen. Und nachdem ich eine Seite gelesen habe, merke ich: Ich weiß überhaupt nicht mehr, was ich gelesen habe. Versuche es dann noch mal und noch mal und verstehe irgendwie gar nichts. Und bekomme dann langsam Panik, weil da ganz viele Bücher neben mir stehen, die ich alle noch durcharbeiten muss.«

Vielleicht erkennen Sie sich ein Stück weit wieder in dieser Schilderung von Martina Hansen, Mathematikstudentin aus Berlin. Plötzlich geht nichts mehr bei der Arbeit. Die Sache wird einfach nicht fertig. Wie von Geisterhand schieben sich Hindernisse in den Weg. Das Projekt, das einem viel bedeutet, wird abgebrochen. Die Enttäuschung ist groß. Man gefährdet oder verliert dadurch wichtige Aufträge. Das Berufsziel kann gefährdet sein, manchmal sogar das Lebensziel oder die Existenz einer ganzen Familie.

In dieser Gestalt zeigen sich Arbeitshemmungen oder Arbeitsblockaden. Termindruck, Examensstress, Frust, Scham und Verstecken sowie ein verlorener Glaube an die eigenen Fähigkeiten gehen oft damit einher. Ziele werden aufgegeben, häufig kurz bevor man sie erreicht hat. Große Ziele, wie das Lebensziel: als Diplomat in den auswärtigen Dienst gehen oder als Jurist eine internationale Karriere in Brüssel aufbauen; oder mittlere Ziele: eine eigene Firma gründen, sich selbständig machen, ein neues Produkt auf den Markt bringen; oder auch »kleinere« Ziele: die Wohnung gründlich aufräumen, ein Auto durch den TÜV bringen, eine Hausarbeit für Studium oder Ausbildung schreiben.

Jahre und Jahrzehnte später wird oder würde man bedauern, den einmal beschrittenen Weg nicht bis zum Ende gegangen zu sein. Zumal man schon so weit gekommen war.

> »Ich hatte schon achtzig Prozent meiner Examensarbeit fertig«, schildert Martina Hansen, »als plötzlich gar nichts mehr ging. Und ich konnte eben nicht sehen, dass ich mehr als zwei Drittel bereits geschafft hatte und mir nur noch sehr wenig fehlte, sondern ich nahm nur wahr, dass ich nicht fertig wurde und überhaupt nicht wusste, wie ich hätte fertig werden können. Meine Wahrnehmung war völlig verloren gegangen. Ich spürte nur noch ein unbestimmtes *Es geht nicht. Ich kann es nicht. Ich lasse es.*«

Wo treten Arbeitsblockaden auf?

Arbeitshemmungen können in allen Berufszweigen auftreten. Besonders anfällig sind Menschen, die sich ihre Arbeitszeit (oder Teile davon) in eigener Regie einteilen und oft nur wenig Rückmeldung über den Sinn und Zweck ihrer Arbeit empfangen. Das können Geschäftsführer einer Firma genauso sein wie Sachbearbeiter; es trifft Handwerker, Landwirte, Lehrer, Assistenten wie Manager, Beamte wie Angestellte, Studenten wie Hausfrauen, Redakteure wie so genannte Kreative.

Leichte Arbeitsblockaden
Sie haben ein Projekt, an dessen Verwirklichung Sie sitzen. Sie tun diese Arbeit mehr oder minder gern und oft. Sie beherrschen jeden Handgriff, jede Arbeitsanforderung, jedes Detail. Wenn Sie richtig dabei sind, kann Sie nichts und niemand bremsen.

Aber an manchen Tagen erkennen Sie sich selbst nicht mehr wieder. Dann geht Ihnen alles sehr langsam von der Hand. Sie müssen plötzlich über Dinge nachdenken, die Ihnen sonst selbstverständlich sind. Ihnen fallen Worte, Zusammenhänge und Termine nicht ein.

Sie vergessen, wo Sie einen Gegenstand hingelegt haben, den Sie dringend benötigen. Sie stellen fest, dass Ihre Gedanken ständig abschweifen. Sie können nicht bei der Sache bleiben. Sie können nicht entscheiden, was Sie zuerst erledigen sollen. Ihre Telefonate dauern doppelt so lange. Sie kommen mit nichts auf den Punkt.

Und dann lächeln Sie und wissen Bescheid. Ihnen ist völlig klar, warum Sie heute alles sehr schwer »auf die Reihe bekommen«. Denn jeder Mensch hat dieses Problem schon einmal am eigenen Leibe erlebt. Es tritt auf,

- wenn Sie erschöpft sind
- wenn Sie nicht gesund sind
- wenn Sie am Abend vorher lange aus waren
- wenn Sie die Arbeit zu spät begonnen haben
- wenn Ihr Arbeitsschritt gerade so schwierig (oder langweilig) ist, dass Sie vor lauter Widerwillen etwa die Planung vernachlässigt haben, unter Zeitdruck geraten sind und dadurch den Überblick verloren haben
- wenn schwierige Lebensumstände eingetreten sind
- wenn Sie gerade mit einer anderen Tätigkeit beschäftigt sind, die so anstrengend ist, dass Sie Ihre Aufgabe eben nur mit der halben Aufmerksamkeit erledigen können.

In solchen Fällen läuft die Arbeit am nächsten Tag nicht wie gewohnt. Diese leichten Arbeitsstörungen sind nur von kurzer Dauer, und jeder Mensch bekommt sie wieder in den Griff. Meistens hat man seine probaten Mittel für solche Fälle bereit: einen starken Kaffee, Ausruhen und Auskurieren, Erledigen der vordringlichen Probleme oder einfach: in ruhigerer Gangart weiterarbeiten.

Mittelschwere Arbeitsblockaden
Schwieriger wird es schon bei den mittelschweren Arbeitsstörungen. Davon spricht man, wenn zu den oben genannten noch folgende Punkte hinzutreten:

- wenn zu viele Aufgaben auf einmal zu bewältigen sind
- wenn dieser Zustand auf Dauer anhält
- wenn am Arbeitsplatz Vertretungssituationen eintreten, die überfordern
- wenn der eigene Arbeitsstil und die Arbeitsstruktur in Bereichen schlecht koordiniert oder wenig effektiv sind
- oder wenn neue, unbekannte Arbeitsfelder auftreten, die einem Probleme machen.

In einer solchen Situation gegenzusteuern ist nicht mehr so einfach. Aber grundsätzlich gilt, dass jeder Mensch leichte und mittelschwere Arbeitsblockaden selbst wieder in den Griff bekommen kann. Hier hilft eine grundlegende Überprüfung des Arbeitsstils und der Arbeitsstruktur, wie sie in den folgenden Kapiteln angeboten wird.

Schwere Arbeitsblockaden
Schließlich gibt es auch schwere Arbeitsstörungen, die so bezeichnet werden,

- wenn die Arbeit nur noch als Qual erlebt wird
- wenn die Lust und Freude an der Arbeit noch nie erlebt worden ist
- wenn keine Arbeit mehr begonnen werden kann
- wenn der Erfolg der Arbeit sich überhaupt nicht mehr einstellt
- wenn schwere psychische Symptome (Gedanken an Selbstmord) hinzutreten.

In diesen Fällen ist unbedingt professionelle Hilfe durch einen Psychotherapeuten oder Arbeitspsychologen – oder beide – angeraten.

Das Charakteristische an solchen schweren Störungen ist, dass man sie auch dann nicht mehr abstellen kann, wenn man sich wirklich darum bemüht oder wenn die eigene Lebenssituation es unbedingt erfordern würde.

Was kann man
dagegen tun?

Die meisten Arbeitsblockaden lassen sich, auch auf Dauer, beheben. Bei leichten und mittleren Blockaden kann man sich gut selbst helfen; bei schweren Arbeitsstörungen braucht man mindestens eine weitere Person, die einen bei der Arbeit begleitet.

Test: Wie stabil ist meine Arbeitsstruktur?

Ist Ihnen schon häufig ein Projekt (fast) geplatzt, weil Sie zu spät dran waren? Nehmen Ihre Arbeiten einfach kein Ende? Müssen Sie mehr Überstunden machen als Ihre Kollegen bei gleicher Arbeitsbelastung? Nehmen Sie sich oft große Dinge vor, die dann nicht zum Abschluss kommen? Sind Sie im Job öfter abgelenkt als Ihre Kollegen? Türmen sich auf Ihrem Schreibtisch unerledigte Vorgänge, sodass Sie, wenn Sie darüber nachdenken, Magenschmerzen bekommen?

Dann testen Sie, ob Ihre Arbeitsstruktur so haltbar ist, wie sie sein könnte. Mit einer guten Arbeitsstruktur vervielfältigen Sie Ihre Leistungsfähigkeit und entspannen sich dabei noch!

Wie heißt das Projekt/die Projektgruppe, an dem/der Sie gegenwärtig arbeiten:

Beziehen Sie Ihre Antworten auf dieses Projekt. Kreuzen Sie an, ob der Satz auf Sie genau zutrifft (Kästchen 1), ob er in Ihrer gegenwärtigen Situation überhaupt nicht stimmt (Kästchen 5) oder ob ein Wert zwischen 1 und 5 eher Ihre Lage beschreibt.

	1 stimmt genau	2 stimmt groß- teils	3 stimmt teilweise	4 stimmt etwas	5 stimmt gar nicht
Ich habe die benötigte Zeit unterschätzt.					
Ich habe nicht regelmäßig an meinem Projekt gearbeitet, sondern eher stoßweise.					
Ich bin ein Perfektionist – was ich mache, mache ich hundertprozentig. Dafür dauert es eben manchmal etwas länger.					
Ich hätte eher mit meiner Arbeit anfangen können, aber ich dachte, es wäre noch genug Zeit.					
Ich weiß manchmal nicht genau, was das Allerwichtigste ist.					
Für den »letzten Schliff« an meiner Arbeit war leider keine Zeit mehr.					
Wenn ich nicht genug Leistung erbracht habe, bestrafe ich mich selbst, indem ich noch eine Arbeitsrunde dranhänge.					
Ich habe jedes Detail meiner Arbeit genauestens behandelt.					
Ich tue nicht immer das Allerwichtigste zuerst.					
Manchmal habe ich einen unerklärlichen Widerwillen gegen meine Arbeit, obwohl ich sie eigentlich sehr gern tue.					

	1 stimmt genau	2 stimmt groß- teils	3 stimmt teilweise	4 stimmt etwas	5 stimmt gar nicht
Wenn ich richtig schön in der Arbeit bin, fällt es mir manchmal schwer, eine Pause zu machen.					
Ihre Punktzahl:					

Zählen Sie Ihre Punkte zusammen: Addieren Sie die Kreuze in jeder Spalte und multiplizieren Sie sie mit der Zahl darüber.

Auswertung:

10–20 Punkte: Ihre Arbeitsstruktur ist nicht sehr zuverlässig. Sie arbeiten eher sprunghaft als gleichmäßig, und nicht selten verlieren Sie den Überblick über Ihre Arbeit. Vielleicht haben Sie sogar ein aktuelles großes Problem bei der Arbeit. Wenn Sie Gefahr laufen, dass Ihnen ein wichtiges Projekt »platzt«, lesen Sie im nächsten Kapitel weiter. Dort finden Sie erste Notfallmaßnahmen, mithilfe derer Sie Ihr Projekt zu Ende führen können. Arbeiten Sie nach Abschluss Ihres Projekts dieses Buch ganz durch. Damit können Sie Ihre Arbeitsstruktur schrittweise erheblich verbessern.

21–35 Punkte: Sie arbeiten sehr solide. Ihre Arbeitsstruktur ist weitgehend zuverlässig und tragfähig. Nur an einigen Stellen ist sie verbesserungswürdig. Wenn Sie sich selbst den letzten Schliff geben wollen, wenn Sie noch leistungsfähiger werden wollen und dabei zugleich mehr Zeit haben wollen, lesen Sie weiter bei Teil II und III.

36–50 Punkte: Herzlichen Glückwunsch. Ihre Arbeitsstruktur ist sehr stabil. Trotzdem können auch Sie dieses Buch mit Gewinn lesen. Ideen, wie man noch effizienter werden und gleichzeitig die eigene Laune heben kann, sind immer nützlich.

ERSTER TEIL

Hilfe, mein Projekt droht zu scheitern! – Notfall- maßnahmen

Wir wollen nicht lange darum herumreden: Sie stecken in der Klemme. Vielleicht haben Sie ein Projekt angefangen, das Ihnen sehr viel bedeutet. Dieses Projekt muss zu einem bestimmten Termin fertig sein. Sie können aber jetzt schon absehen, dass Sie ihn nicht halten können.

Die Situation ist möglicherweise sehr ernst für Sie. Wenn Sie das Projekt nicht erfolgreich absolvieren, ist Ihre Position in Gefahr, oder vielleicht steht sogar der Arbeitsplatz selbst auf dem Spiel. Möglicherweise haben Sie eine verantwortliche Position in der Firma inne, und vom Gelingen Ihres Projekts hängt das Wohl und Wehe Ihrer Firma ab.

Es geht jedoch nicht nur um Ihr Projekt. Es geht um Geld. Es geht um die Existenz, Ihre Existenz oder die Existenz anderer Menschen. Sie haben keine Zeit für ausgiebige psychologische Gespräche, für Verständnis und Einfühlung. Sie brauchen praktische Hilfe. Sofort. Sie *müssen* dieses Projekt beenden. Und Sie haben das Gefühl, wenn Sie jetzt all Ihre Kraft zusammennehmen, dann werden Sie es auch schaffen.

Vielleicht ist das aber auch ein Dauerzustand bei Ihnen: Sie wissen vor lauter laufenden Vorgängen kaum mehr, wo Ihnen der Kopf steht. Sie verfehlen alle Termine um ein Winziges – aber damit sind Sie immer noch jedes Mal zu spät. Sie schaffen es nicht, den Aktenstapel von Ihrem Schreibtisch abzuarbeiten. Sie schaffen es nicht, das Büro einmal richtig aufzuräumen und so herzurichten, wie es »eigentlich« sein soll. Sie sind das alles satt. Sie wollen etwas verändern.

Wenn Sie sich in dieser Beschreibung wiederfinden können, dann arbeiten Sie mit den folgenden Notfallmaßnahmen. Gehen Sie alle Fragen genau durch. Arbeiten Sie nach den Anweisungen.

➤ *Vorschritt:* Besorgen Sie sich einen Coach (oder »steuernden Partner«), mit dem Sie alle folgenden Schritte besprechen.

Was ist ein Coach?

Ein Coach ist eigentlich ein Trainer. Jede Fußballmannschaft, jeder Spitzensportler hat einen Coach. Das sind die Leute vom Fach, die Ihnen auch mal knallhart sagen, was Sie tun und was Sie lassen sollen. Ein solcher Coach ist eine Autorität, die Sie anerkennen, ein Fachmann. Auch Opernsänger oder Manager haben einen Coach. Mit dem trainieren sie und bügeln die letzten Unebenheiten aus. Haben Sie überlegt, welche Autorität Sie »coachen« könnte? Was sind Sie bereit zu zahlen? Zur Not kann auch ein Freund, Nachbar, Studienkollege, Professor, Arbeitskollege oder ein wohlwollender Fachkollege Ihr Coach werden. Spannen Sie ihn in Ihr Netzwerk ein. Ein Coach kann auch ein Familienmitglied sein, mit dem Sie die folgenden Schritte besprechen. (Lesen Sie mehr zum Thema Coaching ab Seite 140.)

Schritt 1: Bestandsaufnahme

Um welches Projekt handelt es sich?

_____

Wie lautet die Aufgabe, die Sie erfüllen müssen?

_____

Sind Sie alleinverantwortlich?

☐ Ja.
☐ Nein, außer mir sind _____ Personen verantwortlich.

Bis wann müssen Sie das Projekt abgeschlossen haben?

Bis zum _____

Wie viel Zeit verbleibt Ihnen also noch?

☐ Tage/Wochen/Monate.

Wird diese Zeit ausreichen?

☐ Ja.
☐ Nein.

Falls »Nein«: Können Sie eine Verlängerung beantragen?

Maßnahme: Beantragen Sie eine Verlängerung bis zum_____

Falls »Nein«: Könnte es helfen, die Arbeitslast auf mehr Schultern zu verteilen?

Maßnahme: Mobilisieren Sie weitere Mitarbeiter. Personen, die Sie entlasten können:

_____

_____

_____

Wie viel Prozent Ihres Projekts haben Sie abgeschlossen? ____ %

Beschreiben Sie kurz, was noch getan werden muss:

1._____

2._____

3._____

Können Sie absehen, ob sich das Projekt innerhalb der Verlängerungsfrist beenden lässt?

- ☐ Nein.
- ☐ Ja. Es lässt sich nicht beenden.
- ☐ Ja. Es lässt sich beenden.

Können Sie absehen, ob sich das Projekt mit zusätzlicher Hilfe beenden lässt?

- ☐ Nein.
- ☐ Ja. Es lässt sich nicht beenden.
- ☐ Ja. Es lässt sich beenden.

Haben Sie den festen Willen, das Projekt zu beenden?

- ☐ Im Prinzip schon, aber es hat doch keinen Zweck.
- ☐ Ja. Ich will es und ich werde es schaffen.

Brauchen Sie noch zusätzliche Unterstützung?

- ☐ Nein.
- ☐ Ja.

Welche Unterstützung und welche Maßnahme nützen Ihnen jetzt?

_____

_____

Schritt 2: Gesamtplanung

Auch wenn Sie jetzt meinen, dafür sei keine Zeit: Setzen Sie sich mit einem Kollegen oder Coach hin und planen Sie Ihr Projekt bis zum Ende. Notieren Sie zuerst alle größeren Arbeitsschritte, die bis zur Beendigung des Projekts noch erledigt werden müssen.

☐ _____

☐ _____

☐ _____

☐ _____

☐ _____

☐ _____

☐ _____

☐ _____

Benutzen Sie notfalls ein gesondertes Blatt.

Was ist der wichtigste Punkt unter diesen? Überlegen Sie in Ruhe und schreiben Sie dann eine 1 davor. Nummerieren Sie dann alle Punkte von 2 bis 8 durch.

Schreiben Sie nun einen Verteilungsplan. Notieren Sie, wie viele Tage (Wochen/Monate) übrig sind, und schreiben Sie auf,

bis wann _____

fertig sein muss.

Ordnen Sie alle acht Hauptpunkte von oben einem Zeitlimit zu.
Verwenden Sie nicht mehr als zehn Minuten Zeit dafür.
Wenn Sie das beendet haben, steht Ihre zeitliche Grobplanung.

Schritt 3: Tagesplanung

3 a. Wiederholen Sie dieses Vorgehen jeden Morgen, und fertigen Sie
danach eine Feinplanung an. Bestimmen Sie nicht mehr als zehn Einzelheiten, die an diesem Tag erledigt werden müssen. Notieren Sie,
bis wann sie fertig sein müssen, z.B.

Abrechnung Vorjahr. Bis 15 Uhr.

Wenn Sie das beendet haben, steht der erste Teil Ihrer Tagesplanung.

3 b. Machen Sie nun, möglichst gemeinsam mit einem Coach, eine
genaue Tagesplanung. Schreiben Sie nicht nur auf, was Sie erledigen
wollen. Notieren Sie sich, wie lang Ihre Arbeitsabschnitte sind, z.B.

8–10 Uhr Aktenstudium.

Notieren Sie sich nach jedem Arbeitsabschnitt eine kurze Pause. Halten Sie diese Pause unbedingt ein, auch wenn Sie meinen, Sie könnten jetzt noch gut weiterarbeiten. Trinken Sie fünf Minuten lang eine
Tasse Tee oder Kaffee, schließen Sie die Augen, legen Sie die Beine
hoch oder atmen Sie an der frischen Luft kurz durch.

Schätzen Sie Ihre Arbeitsabschnitte realistisch ein. Schreiben Sie
nicht »8–12 Uhr«, wenn Sie genau wissen, dass Sie nach zwei Stunden unbedingt eine Pause brauchen.

Tagesplanung ist keine Zeitverschwendung!

Was Sie an Zeit dafür investieren, bekommen Sie im Laufe des Tages vielfach zurück. Sie *verlieren* zu Beginn eine Viertelstunde. Im Laufe des Tages *gewinnen* Sie die vielen kleinen Zeittäschchen zurück, die Ihnen Zeitdiebe sonst entwendet hätten. Und nicht nur das: Sie haben noch ein paar richtig schöne Wohlfühl-Pausen dabei herausgeschlagen. Die geben Ihnen Power!

Fertigen Sie bis zum Ende des Projekts jeden Morgen vor Arbeitsbeginn eine Tagesplanung an. Vergleichen Sie abends nach Abschluss der Arbeiten Ihr Pensum mit der Tagesplanung. Haben Sie die benötigte Zeit richtig eingeschätzt? Haben Sie alles geschafft? Warum? Warum nicht? Haben Sie weniger geschafft? Warum? Haben Sie mehr geschafft? Woran lag das? Besprechen Sie das zum Tagesende mit einem Coach.

Schritt 4: Organisieren Sie Ihren Arbeitsplatz

Um schnell fertig zu werden, ist äußerste Konzentration vonnöten. Entfernen Sie daher alles von Ihrem Schreibtisch, was nicht direkt mit Ihrer Arbeit zu tun hat. Legen Sie Aktenstapel, Ordner, Ablagen und Speisereste weg, und lassen Sie nur das auf dem Schreibtisch, was unmittelbar Ihr Projekt betrifft. Heute. Was morgen drankommt, legen Sie in die Nähe, aber noch nicht zum Schreibtisch. Arbeiten Sie wie ein Handwerker, der sich seine Baustelle einrichtet: Als Erstes legt er alles griffbereit, was er im Laufe des Arbeitstages benötigen wird.

Ist Ihr Computer ergonomisch optimal eingerichtet? Können Sie gerade und bequem auf Ihrem Stuhl sitzen und dann genau geradeaus in den Bildschirm schauen, ohne den Kopf zu verdrehen? Hat der Stuhl die richtige Höhe? Bilden Ihre Unterarme einen rechten Winkel zur Tastatur, wenn Sie schreiben?

Haben Sie alle Arbeitsunterlagen?

Legen Sie einen Zettel bereit, auf dem Sie all das notieren, was Ihnen außerdem einfällt, was Sie jetzt aber nicht erledigen können.

Sorgen Sie dafür, dass der Arbeitsplatz gut beleuchtet und gut belüftet ist. Wischen Sie noch einmal über die leere Tischplatte.

Jetzt sind Sie bereit.

Schritt 5: Beginnen Sie Ihre Arbeit, ohne sie aufzuschieben

Fangen Sie sofort an!

Sie wissen nicht genau, womit Sie beginnen sollen? Drei oder vier Arbeitsgänge müssten eigentlich gleichzeitig erledigt werden?

Fangen Sie mit dem Wichtigsten an. Fangen Sie damit an, auch wenn es unangenehm und anstrengend ist.

Woran merken Sie, ob Sie das Wichtigste bearbeiten? Wer überlastet ist, spürt eine starke innere Unruhe. Der Magen ist scheinbar nicht vorhanden (mitunter sticht er auch ein bisschen), Sie spüren Ihren Atem nicht, und in Ihre Beine würden Sie am liebsten einen Knoten schlingen. Ihr Mund ist trocken. Sie wollen sofort etwas trinken. Sie bekommen plötzlich Hunger. Überall juckt etwas. Sie finden keine Ruhe.

Wenn Sie wirklich das Allerwichtigste als Erstes aus dem Weg schaffen, verschwinden in der Regel diese Anzeichen. Ihr Körper entspannt sich. Ihr Atem geht ruhig. Andere Gefühle wie Hunger und Durst, Jucken oder einen übermäßigen Bewegungsdrang spüren Sie nicht. Eine konzentrierte Ruhe überflutet Ihren Körper. Sie sind da angekommen, wo Sie sein müssen, um Ihr Projekt schnell zu beenden. Sie sind konzentriert bei der Sache.

Halten Sie nun diese Konzentration. Arbeiten Sie mit einem Timer (Küchenwecker, Eieruhr). Halten Sie die Konzentration zunächst zwanzig Minuten. Stellen Sie dann fest, wie viel Sie bereits geschafft haben, und arbeiten Sie weitere zwanzig Minuten. Sie können bereits sehen, welchen Fortschritt Sie gemacht haben.

Schritt 6: Schalten Sie Störungsquellen systematisch aus

Nach zwei- bis dreimal zwanzig Minuten lässt die Konzentration zum ersten Mal spürbar nach. Sie werden nun besonders anfällig für Störungen.

Schalten Sie Störungsquellen daher systematisch aus. Vermeiden Sie Telefongespräche. Arbeiten Sie mit Rufumleitung. Sprechen Sie auf Ihren Anrufbeantworter, dass Sie in dieser Woche auf Urlaub sind. Schalten Sie Ihr Handy aus. Sagen Sie Ihren Mitarbeitern oder Kollegen, dass Sie nicht gestört werden dürfen.

Wenn Ihnen plötzlich einfällt, dass Sie einen Termin wahrnehmen müssten, an den Sie nicht mehr gedacht haben: Lassen Sie ihn absagen. Wenn Sie sich plötzlich daran erinnern, dass Ihr Sohn morgen Nachmittag zum Friseur gehen soll, notieren Sie es sich und telefonieren Sie später alles nacheinander ab.

Denken Sie daran, dass Ihre Konzentration zum ersten Mal absackt und dass Sie in dieser Situation besonders empfänglich sind für Ablenkungen.

Bleiben Sie bei Ihrer Arbeit. Sprechen Sie mit niemandem, wenn es nichts mit Ihrem Projekt zu tun hat. Sagen Sie höflich, aber bestimmt, dass Sie unter keinen Umständen gestört werden wollen. Empfangen Sie keinen Besuch. Öffnen Sie nicht die Tür. Schalten Sie die Klingel ab. Sagen Sie, wann Sie wieder zu sprechen sind.

Schieben Sie nur das Unwichtige auf. Erledigen Sie immer weiter nur das Allerwichtigste. Halten Sie mitunter kurz inne, um festzustellen, was das nächste Wichtigste ist.

Arbeiten Sie konzentriert, und gestatten Sie sich auch nicht die kleinste Ablenkung. Achten Sie dabei auf Ihr Körpergefühl. Geht Ihr

Atem ruhig? Fühlen Sie sich entspannt, ruhig und ganz bei Ihrer Arbeit? Ist es ein gutes Gefühl für Sie, mit Ihrer Arbeit eins zu sein?

Halten Sie eine erste Arbeitsperiode von etwa zwei Stunden durch. Sehen Sie sich dann an, wie viel Sie bereits erledigt haben.

Liegen Sie gut im Zeitplan?

Schritt 7: Gibt es einen Schaden zu beseitigen?

Ist der Grund dafür, dass Sie mit Ihrem Projekt so in Bedrängnis geraten sind, dass irgendetwas misslungen ist? Gibt es einen technischen Schaden an einem Gerät?

Besorgen Sie sich in diesem Fall (technische) Hilfe. Versuchen Sie nicht, noch auf die Schnelle ein Experte im Anlöten von Festplatten in Ihrem Computer zu werden. Sehen Sie nicht aufs Geld. Beheben Sie den Schaden so schnell, wie es irgend geht, damit Sie wieder von der Minus- auf die Plusseite kommen.

Denken Sie nicht daran, was andere von Ihnen halten. Es geht nur um Ihre Arbeit. Solange Sie mit unproduktiven Dingen wie Reparaturen beschäftigt sind, kann Ihr Projekt nicht fertig werden. Und das ist alles, was zählt.

Sind Ihnen bei einem Computerabsturz wichtige Daten unwiederbringlich verloren gegangen, setzen Sie sich als Erstes hin und schreiben Sie alles noch einmal. Sobald Sie mit der Arbeit begonnen haben, werden Sie feststellen, dass die Informationen noch in Ihrem Gedächtnisspeicher vorhanden sind. Je länger Sie warten, desto mehr Daten werden in Ihrem Kopf gelöscht.

Schritt 8: Schließen Sie ständig kleine und kleinste Arbeitsabschnitte ab

Es gibt ein paar Tricks, mithilfe derer Sie Ihre Konzentrationsspanne verlängern können. Ihr Ziel ist ja, Ihr Projekt zu beenden. In Ihrem Arbeitsplan haben Sie dieses Ziel in viele Teilziele unterteilt. Jedes Mal, wenn Sie eins dieser Teilziele mit Erfolg erreicht haben, produziert Ihr Gehirn Endorphine. Das sind die so genannten »Glückshormone«, durch die Ihnen Ihr Körper sagt, dass Sie wunderbar sind und dass Sie alles erreichen können, was Sie wollen.

Helfen Sie also Ihrem Körper, so viele Glückshormone wie möglich zu produzieren. Notieren Sie sich zunächst alle zwanzig Minuten, was Sie bereits erreicht haben. Dann spüren Sie den Fortschritt tatsächlich. Sie erkennen deutlich, dass Sie dabei sind, Ihr Projekt abzuschließen. So erfahren Sie, wie viel Power Sie haben. Jedes Erfolgserlebnis gibt Ihnen Kraft, sich weiter zu konzentrieren.

Wenn Sie spüren, dass Ihnen diese Glückshormonstöße gut tun, setzen Sie dieses kleine private Protokoll den ganzen Tag über fort. Freuen Sie sich an jedem kleinen Fortschritt. Er sagt Ihnen, dass Sie es schaffen werden.

Schritt 9: Belohnen Sie sich

Auch im größten Stress bleiben Sie Mensch und werden nicht zum Sklaven Ihrer Arbeit. In dieser besonderen Situation müssen Sie natürlich mehr arbeiten als sonst. Aber trotzdem: Machen Sie sich eine Freude, wenn Sie am ersten Tag alles geschafft haben, was Sie sich vorgenommen haben. Überlegen Sie sich schon vorher eine Belohnung für den Abend. Machen Sie ein Treffen mit Freunden aus. Essen Sie etwas besonders Gutes. Öffnen Sie die besondere Flasche Wein. Sehen Sie sich einen besonderen Film an. Gehen Sie ins Theater. Gehen Sie in die Sauna. Was immer Ihnen besonders gut tut: Stecken Sie es wie eine Fahne an einem Pfahl ans Ende Ihrer Tagesplanung und sehen Sie, wie die Fahne Ihnen zuwinkt.

Auch das ist übrigens ein Trick, um Ihre Hormone auf Trab zu halten.

Belohnen Sie sich aber auch alle zwei Stunden. Telefonieren Sie mit Ihrer Partnerin/Ihrem Partner. Trinken Sie eine Tasse Kaffee. Vertreten Sie sich die Beine.

Heften Sie das, was Sie bereits geschafft haben, ab. Bauen Sie es vor sich auf. Auch Ihr Werk ist Ihre Belohnung. Freuen Sie sich daran – dann tut Ihr Herz jedes Mal einen kleinen Freudenhüpfer, und das ist gut für Sie und Ihre Arbeit. Sagen Sie sich: Es ist fertig, und das ist eine tolle Sache.

Schritt 10: Regeln Sie Ihren Tagesablauf

Möglicherweise ist der erste Tag, an dem Sie nach diesen Muster arbeiten, für Sie sehr erfolgreich verlaufen. Sie haben viel geschafft. Sie merken, dass Sie Ihren Termin, wenn Sie so weitermachen, doch halten können.

Kommen Sie nun nicht in Versuchung zu sagen: Ich arbeite die halbe Nacht durch, dann schaffe ich noch mehr. Beenden Sie den ersten Arbeitstag mit einer Belohnung, schlafen Sie gut, und beginnen Sie am nächsten Tag wieder rechtzeitig. Tun Sie genau das, was Sie geplant haben. Seien Sie mit Ihrer Planung völlig eins. Sagen Sie nicht: »Ich komme ein bisschen vorher, dann schaffe ich mehr.« Wenn Sie eher anfangen wollen, dann planen Sie diese Zeit.

Das ist wichtig: Sie sind mit sich selbst eins!

Sie brauchen sich nicht auszutricksen.

Arbeiten Sie nun jeden Tag so weiter wie am ersten Tag. Arbeiten Sie geregelt wie ein Uhrwerk. Vermeiden Sie plötzliche Kraftakte. Wenn Sie abends feststellen, dass Sie sehr viel mehr arbeiten konnten, als Sie geplant hatten, dann planen Sie den nächsten Tag genauer.

So vermeiden Sie, dass Sie in einen Erschöpfungszustand geraten. Wer erschöpft ist, kann sich nicht konzentrieren. Sie brauchen aber jetzt Ihre volle Konzentration.

Schritt 11: Vermeiden Sie unnötigen Perfektionismus

Sind Sie ein Mensch, der immer besonders gründlich arbeitet? Können Sie nicht den kleinsten Fehler ertragen oder die geringste Unsicherheit darüber, ob Sie eventuell einen Fehler gemacht haben? Überprüfen Sie alles, was Sie getan haben, mehrmals? Gehen Sie bereits fertige Arbeitsabschnitte noch mehrmals durch? Rechtfertigen Sie das, weil Sie ja auch immer noch Fehler finden, die nicht sein dürften?

Wenn Sie sich in dieser Beschreibung wiedererkannt haben, dann gilt für Sie die Aufforderung: Lassen Sie einmal fünfe gerade sein. Denn Sie sind viel besser, als Sie glauben. Möglicherweise enthält Ihre Arbeit noch einen kleinen Fehler. Aber es ist wichtiger, dass Sie die Arbeit zuallererst abschließen. Wenn am Ende Zeit übrig ist, können Sie noch Schlusskorrekturen anbringen.

Sind Sie schon oft mit einer Arbeit nicht über das zweite Drittel hinausgekommen, weil Sie den Anfang zu perfektionistisch gestaltet haben? Versuchen Sie es diesmal anders. Arbeiten Sie etwas frischer drauflos. Machen Sie gegebenenfalls eine Anmerkung, was Sie später noch überprüfen wollen, aber arbeiten Sie erst einmal weiter.

Entscheiden Sie dann ganz am Ende, welche Schlusskorrekturen Sie anbringen wollen. Entscheiden Sie erst ganz am Ende, wie Sie Ihre Arbeit präsentieren. Entscheiden Sie am Ende, welche Schlussarbeiten am wichtigsten sind.

Schritt 12: Beenden Sie Ihre Arbeit

Große Gefahrenpunkte liegen auf der Schlussstrecke. Die letzten zehn Prozent Ihrer Arbeit sind manchmal schwerer zu beenden als die ersten neunzig Prozent.

Rechnen Sie mit folgenden Hindernissen auf der Zielgeraden:

- Ein plötzlicher technischer Defekt droht Ihre Arbeit zunichte zu machen. Achten Sie also besonders auf technische Sicherheit, Datensicherung und Unwägsamkeit durch das Mitwirken von Mitarbeitern und Kollegen.
- Eine plötzliche gesundheitliche Beeinträchtigung verhindert, dass Sie Ihre Arbeit abschließen können. Denken Sie also daran: Sie sind in dieser Zeit besonders gefährdet für Unfälle. Fahren Sie vorsichtig Auto. Springen Sie nicht zu schnell die Treppen hinunter. Klemmen Sie sich nicht die Finger in der Tür. Bewegen Sie sich besonders vorsichtig und umsichtig. Bedienen Sie keine gefährlichen Maschinen zum ersten Mal. Seien Sie nicht leichtsinnig.
- Eine unvorhergesehene Komplikation in der Arbeit verhindert, dass Sie sie abschließen können. Eine neue Fragestellung ist aufgetaucht, oder ein Problem hat sich als komplexer erwiesen als gedacht. Beenden Sie die Arbeit trotzdem. Weisen Sie darauf hin, dass dieser oder jener Aspekt noch eine Sonderbehandlung verdienen würde, die Sie aber im Rahmen dieser Arbeit nicht leisten können.
- Widerstehen Sie dem starken Drang, jetzt ein neues Projekt zu beginnen und das alte »erst mal« liegen zu lassen. Es ist eine Falle!
- Beenden Sie alle Einzelteile Ihres Projekts. Aber beenden Sie das Wichtigste zuerst. Wissen Sie, was das Wichtigste ist?
- Persönliche Zwischenfälle, zwischenmenschliche Komplikationen, finanzielle Einbrüche ... Seien Sie auf alles gefasst, was sich zu einer »Pechsträhne« addieren könnte. Möglicherweise tritt sie nur deshalb auf, weil Sie die letzten zehn Prozent Ihrer Arbeit beenden wollen. Überlegen Sie, wie Sie sich das Problem schnell wieder vom Halse schaffen. Und halten Sie durch bis zum Schluss.

Dem Ende einer Arbeit haftet immer etwas Magisches an. Ein Projekt ist beendet. Ist es nur ein Projekt, oder ist es auch ein Stück von Ihnen selbst? Sie nehmen Abschied von einer Arbeit, die Ihnen vielleicht viel bedeutet hat. Das fällt einem nicht leicht. Sie wissen nicht, was danach kommt.

Lassen Sie sich überraschen. Gehen Sie durchs Leben wie ein Pferd mit Scheuklappen, bis Ihre Arbeit fertig ist. Lassen Sie sich durch nichts aus der Ruhe bringen. Rechnen Sie besonders auf der allerletzten Strecke noch einmal mit gehäuften Attacken. Bleiben Sie bei allem, was Sie abwimmeln, knapp und höflich. Schließen Sie die Arbeit zum Termin ab.

ZWEITER TEIL

Optimieren
Sie Ihre
Arbeitsstruktur

Entdecken Sie
Ihre seelische Grundstruktur

Stellen Sie sich vor, wie ein lebhafter, schillernder, kontaktfreudiger Mensch leidet, den die Umstände zwingen, eine monotone Fließbandtätigkeit aufzunehmen, in der er acht Stunden täglich dasselbe tun muss.

Es würde gegen seine inneren Strukturen verstoßen, er wäre verzweifelt und mit Sicherheit bald krank. Derselbe Mann könnte aber vielleicht als Schauspieler auf der Bühne oder vor der Kamera unbeschreibliche Leistungen vollbringen. Er würde dann seiner seelischen Struktur entsprechend arbeiten.

Ihre seelischen Struktur gehört von Natur aus zu Ihnen. Sie können nicht viel daran ändern. Daher ist es das Beste, sie genau zu kennen. Man sollte wissen, wozu man befähigt ist; dabei sehen Sie auch, was außerdem noch alles aus Ihnen werden könnte. Man sollte aber auch seine Schwachstellen genau kennen, denn dort bricht die Arbeitsstruktur als Erstes zusammen. Sie sind wie die Sollbruchstellen im seelischen Gerüst. Um zu erkennen, wo immer wiederkehrende Schwierigkeiten liegen, und um Ihre Arbeitsstrukturen zu optimieren, bieten die folgenden Tests gute Analysewerkzeuge. Je präziser das Wissen um Ihre einmalige seelische Struktur, desto besser können Sie sie einsetzen – bei der Arbeit und privat.

Ein paar Eigenheiten bekommt jeder Mensch in die Wiege gelegt: die Art, in der er sein Leben anpackt, und die Art, in der er Probleme löst. Jeder Mensch hat eine solche seelische Grundausstattung oder Grundstruktur.

Dadurch sind Sie für bestimmte Tätigkeiten besonders geeignet (für andere dagegen weniger). Jede Eigenschaft kann, im richtigen Arbeitszusammenhang, wahre Wunder wirken. Mutet man Ihnen hingegen etwas zu, was Sie gar nicht leisten *können*, so werden Sie unglücklich und Ihr Umfeld dazu.

Damit Sie durch Ihre Arbeit auf lange Sicht zufrieden werden, müssen Sie sich im Einklang mit Ihren Grundeigenschaften befinden.

Die folgenden sechs Beschreibungen von Grundeigenschaften sind Idealtypen. Aber fast niemand ist zu hundert Prozent ein bestimmter Typ. Vermutlich trifft jede der Beschreibungen auf Sie ein bisschen zu. Lesen Sie also, wie diese sechs Charaktere beschrieben sind: der Einsiedler, der Enthusiast, der Vorsichtige, der Glänzende, der Helfer und der Kontrolleur. Mithilfe der Tests können Sie herausfinden, zu wie viel Prozent Sie jedem Typ entsprechen.

Bei diesen Tests geht es nur darum, eine ungefähre Vorstellung davon zu bekommen, welche Charakterstruktur Ihnen in die Wiege gelegt wurde. Es ist nicht »besser« oder »schlechter«, dieser oder jener Typ zu sein. Aber es ist oft nützlich, sich genau zu kennen. So weiß man sicherer, für welche Aufgaben man besonders geeignet ist. Man mutet sich nichts zu, was nicht den eigenen Anlagen entspricht.

Test 1: Sind Sie ein »Einsiedler«?

	1 stimmt genau	2 stimmt oft	3 stimmt manch-mal	4 stimmt selten	5 stimmt gar nicht
Ich bin bei der Arbeit am liebsten allein.			X		
Manche behaupten, ich sei pedantisch. Ich sehe das nicht so. Ich nehme meine Arbeit sehr genau.		X			
Ich bin verantwortungsvoll und weiß, was geschieht, wenn ich einen Fehler mache.		X			
Wenn ich mich auf meine Arbeit konzentrieren will, stören mich andere Menschen.		X			

	1 stimmt genau	2 stimmt oft	3 stimmt manch-mal	4 stimmt selten	5 stimmt gar nicht
Wenn man mich allein lässt, sammeln sich meine Gedanken in außerordentlicher Weise, und ich kann Hervorragendes leisten.				X	
Komplizierte Regelwerke, Mechanismen oder Zusammenhänge sind mir sonnenklar, und ich bewege mich darin wie in einem sicheren Zuhause.			X		
Ich kann nicht mehrere Dinge gleichzeitig machen.			X		
Wenn ich Chef wäre, würde ich am liebsten die ganze Zeit in der Firma zubringen, um sicherzugehen, dass alles richtig gemacht wird.				X	
Wenn man mich bei der Arbeit stört, lassen meine Leistungen nach. Werde ich ständig gestört, kann ich überhaupt nicht mehr arbeiten.			X		
Es liegt mir, komplizierte Pläne und Abläufe festzulegen, bei denen es um absolute Fehlerfreiheit geht.				X	
Ihre Punktzahl:	0	6	12	12	0	30

Fast niemand ist nur ein einziger Typ. Die meisten Menschen haben Eigenschaften der verschiedenen Charaktertypen. Addieren Sie nun die Kreuze in jeder Spalte und multiplizieren Sie sie mit der Zahl darüber. Ermitteln Sie dann mithilfe der Skala, wie viele Anteile »Einsiedler« Sie haben.

Typ 1: »Der Einsiedler«						
Meine Punktzahl: Bis ...						
	10	20	30	40	50	Punkte
Ich bin »Einsiedler«	↓	↓	↓	↓	↓	
absolut	100%	80%	60%	40%	20–0%	ein kleines bisschen

Ideale Berufe für den »Einsiedler« sind unter anderem: Mathematiker, Uhrmacher, Buchhalter, theoretischer Physiker, Computerfachmann, Programmierer, Geologe, Kartograph oder Augenchirurg. Möglicherweise arbeitet er nicht besonders schnell.

Test 2: Sind Sie ein »Enthusiast«?

	1 stimmt genau	2 stimmt oft	3 stimmt manch-mal	4 stimmt selten	5 stimmt gar nicht
Ich fange ständig ein neues Projekt an.					X
Ich kann nicht genug Trubel um mich haben.				X	
Ich weiß auch nicht, wie es kommt, aber um mich scharen sich immer alle.					X
Ich bin immer gut drauf und habe gute Laune.		X			

	1 stimmt genau	2 stimmt oft	3 stimmt manch-mal	4 stimmt selten	5 stimmt gar nicht
Meine guten Ideen stecken die anderen Menschen oft an.				X	
Mein scharfes Auge entdeckt bei jeder Arbeit, was man außerdem noch machen könnte.				X	
Wenn eine Sache nicht hundertprozentig funktioniert, leiere ich sofort etwas Neues an, statt in Trübsal zu versinken.					X
Endzeitstimmung überlasse ich anderen.		X			
Der Anfang des Gedichts von Hermann Hesse »... denn jedem Anfang wohnt ein Zauber inne« gefällt mir gut.				X	
Routine kann ich nicht ausstehen.					X
Ich könnte immer eine ganze Mannschaft von Leuten um mich herum beschäftigen.					X
Etwas zu Ende zu bringen fällt mir schwer.		X			
Statt Kritik höre ich mir lieber einen Gegenvorschlag an.			X		
Am besten arbeite ich, wenn ein Team um mich herum meine Projektideen zu Ende führt.				X	
Ich tendiere dazu, mir im Überschwang der Ideen zu viele Projekte gleichzeitig aufzuladen.					X

	1 stimmt genau	2 stimmt oft	3 stimmt manch-mal	4 stimmt selten	5 stimmt gar nicht
Leider verschätze ich mich oft bei der benötigten Ge-samtzeit für ein Projekt, weil ich immer denke: »Es wird schon gehen.«				X	
Manchmal kommt es mir vor, als ob ich an jedem Finger ein ganzes Lebens-werk hätte und nicht genug Zeit und Mitarbeiter, um al-les zu beenden.					X
Ich glaube, für einen Ärmel-schonerjob auf einem Amt bin ich wirklich nicht ge-eignet.		X			
Meine Feinde werfen mir oft vor, ich machte ständig chaotische, hochfliegende Pläne, »aus denen doch nie etwas wird«.					X
Wenn ich lange Zeit lang-weilige, planerische und grüblerische Aufgaben über-nehmen soll, spüre ich mich selbst kaum noch.			X		
Ihre Punktzahl:	0	8	6	24	40	78

Fast niemand ist nur ein einziger Typ. Die meisten Menschen haben Eigenschaften der verschiedenen Charaktertypen. Addieren Sie nun die Kreuze in jeder Spalte und multiplizieren Sie sie mit der Zahl da-rüber. Ermitteln Sie dann mithilfe der Skala, wie viele Anteile »En-thusiast« Sie haben.

Typ 2: »Der Enthusiast«						
Meine Punktzahl: Bis …						
	20	40	60	80	100	Punkte
Ich bin »Enthusiast«	↓	↓	↓	↓	↓	
absolut	100%	80%	60%	40%	20–0%	ein kleines bisschen

Ideale Berufsgebiete für den »Enthusiasten« sind unter anderem: Animateur oder Reiseleiter, Werbefachmann, Lehrer, Drehbuchschreiber, jemand, der Festlichkeiten ausrichtet, auf der Bühne steht, etwas verkauft und gern unter Menschen ist. Er wird überall dort gebraucht, wo frischer Wind in einem Berufszweig wehen soll. Gefährdet ist der »Enthusiast«, weil er die Dauer der lästigen Kleinarbeit, die er hasst, oft unterschätzt. Wird er Chef, kann es sein, dass er die Zeit seiner Mitarbeiter nicht realistisch einschätzen und einteilen kann. Umgibt er sich aber mit Menschen, die ihm Planung und Ablaufgestaltung sowie den »lästigen Kleinkram« abnehmen, kann er in hohe Positionen aufsteigen.

Test 3: Sind Sie ein »Helfer«?

	1 stimmt genau	2 stimmt oft	3 stimmt manch-mal	4 stimmt selten	5 stimmt gar nicht
Ich habe einen Blick für die Nöte der Menschen, für die Nöte der Welt.		X			
Ich verstehe die Menschen ohne Worte.		X			

	1 stimmt genau	2 stimmt oft	3 stimmt manch-mal	4 stimmt selten	5 stimmt gar nicht
Ich kann mich in andere Menschen hineinversetzen, ohne dass ich komplizierte Erklärungen brauche.		X			
Ich packe auch Arbeiten an, bei denen ich mir die Hände schmutzig mache.	X				
Ich sehe nicht immer genau auf die Uhr, denn meine Arbeit ist mehr als ein Job.			X		
Ich schäme mich, dass ich auch manchmal Pausen machen muss.					X
In Notzeiten, unter Stress oder in Katastrophen kann ich mehr als zwanzig Stunden durcharbeiten.				X	
An mich selbst denke ich meistens zuletzt – beruflich oder privat.				X	
Ein lächelndes Gesicht, ein genesender Kranker, eine heitere Stimmung, die ich ausgelöst habe: Solche Momente öffnen mein Herz und spornen mich zu unglaublichen Leistungen an.			X		
Wenn ich mich sehr angestrengt habe, muss mich jemand gut auffangen.				X	
Es fällt mir nicht leicht, für meine Arbeit Rechnungen zu schreiben.	X	X			
Ich überanstrenge mich leicht.			X		

	1 stimmt genau	2 stimmt oft	3 stimmt manch- mal	4 stimmt selten	5 stimmt gar nicht
Meine Grundeinstellung ist: Wie kann ich es mir gut gehen lassen, wenn es so viel Elend zu beseitigen gibt?			X		
Mir kommt es oft so vor, als ob das, was ich geleistet habe, nur ein Tropfen auf dem heißen Stein war.		X			
Auch wenn ich viel gearbeitet habe, finde ich oft, dass ich noch ein Vielfaches mehr hätte leisten müssen.		X			
Ich muss immer wieder daran erinnert werden, dass ich auch ein Recht auf ein schönes Leben habe.			X		
Wenn ich dauernd überlastet bin, verliere ich die Orientierung und halte manchmal sogar meine Existenz für überflüssig.		X			
Ich erinnere Schuldner nur ungern daran, dass sie mir noch etwas zahlen müssen.	X				
Meine Arbeit ist meine Berufung.			X		
Das tatenlose Herumsitzen ist meine Sache nicht.	X				
Ihre Punktzahl:	4	12	18	12	5	51

Fast niemand ist nur ein einziger Typ. Die meisten Menschen haben Eigenschaften der verschiedenen Charaktertypen. Addieren Sie nun die Kreuze in jeder Spalte und multiplizieren Sie sie mit der Zahl darüber. Ermitteln Sie dann mithilfe der Skala, wie viele Anteile »Helfer« Sie haben.

Typ 3: »Der Helfer«						
Meine Punktzahl: Bis ...						
	20	40	60	80	100	Punkte
ich bin »Helfer«	↓	↓	↓	↓	↓	
absolut	100%	80%	60%	40%	20–0%	ein kleines bisschen

Ideale Berufsgebiete für den »Helfer« sind unter anderem: Krankenschwester/-pfleger, Rettungswagenfahrer, Feuerwehrmann, Sozialarbeiter, vielfache Mutter (Hausmann), Arzt, Psychotherapeut, Seelsorger, Leiter von Hilfskampagnen, Kriegsjournalist, Umweltschützer, Mitarbeiter bei der Bergwacht, in der Lebensrettung, bei Katastropheneinsätzen.

Weil der »Helfer« zu langen Arbeitszeiten neigt und nicht genügend Pausenzeiten einlegt, arbeitet er mitunter auch weniger effektiv als andere, die in kürzerer Zeit sehr viel mehr fertig bekommen. Das empfindet er dann als ungerecht. Er müsste aber bei einem objektiven Vergleich der Arbeitsleistungen dem anderen den Vortritt lassen.

Er muss sich immer wieder daran erinnern, dass ihm für seine Arbeit Belohnungen zustehen und dass er schließlich auch für die anderen mehr tun kann, wenn er selbst gut aufgelegt ist. Wird er zu viel und zu oft gestört, vor allem durch Überbeanspruchung, zweifelt er an sich selbst, zieht sich zurück und traut sich nichts mehr zu. In seinen besten Zeiten ist er ein hervorragend organisierter Helfer, einer von denen, die der Menschheit große Dienste erweisen.

Test 4: Sind Sie ein »Glänzender«?

	1 stimmt genau	2 stimmt oft	3 stimmt manch-mal	4 stimmt selten	5 stimmt gar nicht
Bei mir laufen alle Fäden des Geschehens zusammen.				X	
Erfolg bedeutet mir viel.				X	
Mir ist nicht egal, wie weit ich es im Leben gebracht habe.				X	
Ich stehe gern gut da.				X	
Was kann ich dafür, dass mich die Natur einen Tick reicher ausgestattet hat als andere – soll ich mich deswegen bewusst klein machen?				X	
Für mich gibt es in jedem Beruf vor allem eine passende Stelle, und die ist ganz oben.					X
Ich würde mich als Gipfelstürmer bezeichnen.					X
Ehrlich gesagt: Die Welt ist voll von Nichtstuern, Nichtskönnern und Fußvolk.					X
Wer mich nicht rückhaltlos bewundert, wird schon sehen, wie weit er kommt!					X
An mir kommt keiner mehr vorbei.					X
Ich bin stolz darauf, wie weit ich es gebracht habe.			X		
Meine Feinde behaupten, ich sei selbstverliebt und würde mich oft überschätzen.					X

	1 stimmt genau	2 stimmt oft	3 stimmt manch- mal	4 stimmt selten	5 stimmt gar nicht
Warum soll ich dumm das- tehen, wenn ich einen klu- gen Kopf mitbekommen habe?				X	
Ich spiele die Hauptrolle, egal, wohin ich komme.					X
Von meinen Mitarbeitern ver- lange ich viel – jederzeit und unter allen Bedingungen.				X	
Ich müsste eigentlich alles wissen, was meine Mitarbei- ter wissen.				X	
Ich frage mich, warum ich an untergeordneter Stelle Befehle entgegennehmen soll, wenn ich mehr weiß und besser Befehle erteilen kann als andere!					X
Warum soll ich mit meinen Vorzügen nicht glänzen? Ich mache schließlich etwas aus meinem Leben, das ich bei vielen anderen Menschen nicht einmal als Anlage se- hen kann.					X
Wenn ich etwas lerne, will ich auch einen praktischen Nutzen davon haben, so- dass die anderen merken, was ich weiß.					X
Wer mit mir zusammenar- beiten will, muss Außerge- wöhnliches leisten.					X
Ihre Punktzahl:			3	32	55

90

Fast niemand ist nur ein einziger Typ. Die meisten Menschen haben Eigenschaften der verschiedenen Charaktertypen. Addieren Sie nun die Kreuze in jeder Spalte und multiplizieren Sie sie mit der Zahl darüber. Ermitteln Sie dann mithilfe der Skala, wie viele Anteile »Glänzender« Sie haben.

Typ 4: »Der Glänzende«						
Meine Punktzahl: Bis ...						
	20	40	60	80	100	Punkte
Ich bin »Glänzender«:	↓	↓	↓	↓	↓	
absolut	100%	80%	60%	40%	20–0%	ein kleines bisschen

Die Welt braucht »Glänzende«. Sie stellen nicht nur sich selbst gut dar, sondern repräsentieren auch ihre Organisation, ihre Firma, ihr Land gut. Sie machen etwas her. Sie sind die Starredner auf Kongressen, die Präsidenten. Sie sind diejenigen, die von Pressefotografen belagert werden und scheinbar zufällig immer wieder in die Medien kommen. Sie können bei entsprechender Begabung Ausgezeichnetes leisten. Der Arzt, dem wichtige Politiker ihre Sorgen anvertrauen und der mit diesen Informationen im Hinterkopf einen Weltverband gründet; der Firmengründer, der ein Imperium schafft und damit Arbeitsplätze und Existenzgrundlagen für Tausende; der Schauspieler, den alle lieben und der seinem Publikum viele unbeschwerte Stunden verschafft: Das sind die klassischen Berufe für einen »Glänzenden«.

Kommt er in geeigneter Umgebung und bei guter Begabung in entsprechende Positionen, kann er einen hervorragenden Chef abgeben. Allerdings geht er als Chef oft mit seinen Mitarbeiter wie mit Schachfiguren um. Er verlangt viel von ihnen, liebt sie aber deswegen nicht. Es fällt ihm auch schwer, von seinen Mitarbeitern zu lernen, denn eigentlich müsste er selbst alles wissen und können. Kooperation auf gleicher Ebene fällt ihm schwer.

So, wie er bei der Selbstbewertung gern einen Schritt zu weit geht, kann das Pendel auch in die andere Richtung ausschlagen, wenn er mit sich unzufrieden ist.

Schon in jungen Jahren ist der »Glänzende« oft voller Selbstkritik, die bis an Selbsthass grenzen kann. »Ich habe ja noch nichts erreicht«, stöhnt der siebenundzwanzigjährige Professor gequält, der durch die ganze Welt reist und Vorträge hält. Jeder andere wäre stolz auf eine solche Leistung; er aber sieht nur, was er *nicht* erreicht hat.

Viele Menschen dieses Typs stellen sich auch dadurch in den Vordergrund, dass sie »im Dienste einer großen Sache« unterwegs sind: etwa selbst ernannte Prediger, die ständig »im Namen des Herrn« unbegrenzte Autorität und finanzielle Ressourcen für sich reklamieren.

Kann sich der »Glänzende« nicht entfalten oder erfährt er nicht die ihm gebührende Bewunderung, wird er mürrisch, gramgebeugt und vorwurfsvoll bis zur Verbitterung.

Test 5: Sind Sie ein »Vorsichtiger«?

	1 stimmt genau	2 stimmt oft	3 stimmt manch- mal	4 stimmt selten	5 stimmt gar nicht
Ich weiß, dass es in jeder Situation ein Richtig und ein Falsch gibt.		X			
Ich würde nie ohne Not eine rote Ampel überfahren.				X	
Ich bin kein scharfer Hund. Das Kontrollieren überlasse ich anderen.				X	
Ich kehre vor meiner eigenen Tür und achte darauf, dass ich selbst nicht anecke.			X		

Meine Devise lautet: »Nur keinen Fehler machen.«		X			
Ich bin fair und erwarte Fairness auch von anderen.	X				
Ich habe mir oft genug die Finger verbrannt, um zu wissen, was ich nicht will.				X	
Ich bin ein »guter Zweiter«.			X		
Mir mangelt es nicht an Ideen und Initiativen, doch überfällt mich oft eine rätselhafte Angst, wenn ich sie in die Tat umsetzen soll.	X				
Wenn ich mir vorstelle, ich würde alles das tun, was ich eigentlich gern täte, bekomme ich Angst und schäme mich.		X			
Ihre Punktzahl:	2	6	6	12	0

(handschriftlich: 22)

Fast niemand ist nur ein einziger Typ. Die meisten Menschen haben Eigenschaften der verschiedenen Charaktertypen. Addieren Sie nun die Kreuze in jeder Spalte und multiplizieren Sie sie mit der Zahl darüber. Ermitteln Sie dann mithilfe der Skala, wie viele Anteile »Vorsichtiger« Sie haben.

Typ 5: »Der Vorsichtige«						
Meine Punktzahl: Bis ...						
	10	20	30	40	50	Punkte
Ich bin »Vorsichtiger«: ↓	↓	↓	↓	↓		
absolut	100%	80%	60%	40%	20–0%	ein kleines bisschen

Ideale Berufsgebiete für den »Vorsichtigen« gibt es nicht. Er kann seiner Begabung entsprechend überall Erfolg haben. Gern schließt er sich Menschen an, die er sich zum Vorbild nimmt. Unter ihrer Anleitung und mit ihrem Impuls kann er selbst auch hervorragend arbeiten. Denn ihn selbst überkommt oft eine rätselhafte Angst, wenn er seine Ideen in die Tat umsetzen soll. Daher bleibt ihm häufig Arbeit liegen. Ist er aber in einer Arbeitsumgebung, in der auch andere das tun, was er selbst eigentlich immer schon gedacht und gewollt hat, gelingen ihm oft großartige Leistungen.

Er ist ein »guter Zweiter«. Gelingt es ihm, sich von Untergebenen gut beraten zu lassen, kann er auch »guter Erster« werden. Als Chef ist er dann sehr beliebt.

Im Kern seiner Persönlichkeit steht die Tatsache, dass er vor vielen Lebenssituationen Angst hat und das Gefühl, unselbständig zu sein. Diese Angst taucht besonders gern dann auf, wenn er so sein will, wie er »eigentlich« ist, und wenn dieses So-sein von seinen Lebensregeln abweicht. Diese Erkenntnis kränkt ihn. Deshalb versucht er, nicht daran zu denken.

Eine gute Methode, dennoch seine Projekte durchzusetzen, ist, sich »steuernde Partner« zuzulegen, also ein Umfeld zu schaffen, in dem andere das wollen, was er selbst will. So steht er quasi unter dem Zwang, so zu sein, wie er selbst sein möchte.

Wenn der »Vorsichtige« kein solch stützendes Umfeld um sich weiß, kann die Angst vor der eigenen Vitalität, den eigenen Lebensimpulsen und der eigenen Gestaltungsfreude übermächtig groß werden. Scham sowie Arbeitshemmungen können folgen.

In einer solchen Krisensituation kann es helfen, sich neuen Leitbildern anzuschließen und neue steuernde Personen um sich zu gruppieren, die den eigenen Arbeitsrhythmus wiederherstellen helfen.

Test 6: Sind Sie ein »Kontrolleur«?

	1 stimmt genau	2 stimmt oft	3 stimmt manchmal	4 stimmt selten	5 stimmt gar nicht
Ich nehme alles sehr genau und vermeide nach Kräften, Fehler zu machen.	X				
Meine Devise lautet: »Ordnung ist das halbe Leben«.		X			
Ich habe immer eine unterschwellige Angst, es könnte etwas schief gehen oder ich könnte einen Fehler gemacht haben und dieser könnte sich in ein unkontrollierbares Chaos ausweiten.	X				
Wenn ich mit zwei schwierigen Menschen zu tun habe, sorge ich dafür, dass sie nicht auch noch miteinander in Kontakt kommen.				X	
In meinem Leben muss alles immer seinen festen Platz haben.			X		
Ich habe oft die Befürchtung, ich könnte mich leicht an Bakterien oder Viren infizieren, wenn ich nicht allergrößte Sauberkeit walten lasse.					X
Unordnung bekämpfe ich schon im Ansatz.				X	
Ich kenne die menschliche Natur und weiß, dass aus eigenem Antrieb nur selten gute Werke entstehen.				X	

	1 stimmt genau	**2** stimmt oft	**3** stimmt manch- mal	**4** stimmt selten	**5** stimmt gar nicht
Ein gewisses Maß an Druck ist einfach immer erforder- lich.			X		
Es fällt mir oft schwer, schnell Entscheidungen zu treffen.	X				
Ihre Punktzahl:	3	2	6	12	5

Fast niemand ist nur ein einziger Typ. Die meisten Menschen haben Eigenschaften der verschiedenen Charaktertypen. Addieren Sie nun die Kreuze in jeder Spalte und multiplizieren Sie sie mit der Zahl da- rüber. Ermitteln Sie dann mithilfe der Skala, wie viele Anteile »Kon- trolleur« Sie haben.

Typ 6: »Der Kontrolleur«						
Meine Punktzahl: Bis ...						
	10	20	30	40	50	Punkte
Ich bin »Kontrolleur«: ↓	↓	↓	↓	↓		
absolut	100%	80%	60%	40%	20–0%	ein kleines bisschen

Der Kontrolleur hat das Lebensmotto »Vertrauen ist gut, Kontrolle ist besser«. Ein gewisses Maß an Druck hält er für unbedingt erforder- lich, sowohl von ihm selbst auf andere als auch von anderen auf ihn selbst.

Weil »Kontrolleure« auch vor dem eigenen Schweinehund nicht ganz sicher sind, bauen sie zahlreiche Kontrollsituationen in ihr Leben ein. Sie möchten am liebsten für jede Lebenssituation genaue Vorschriften darüber haben, was richtig und was falsch ist.

Ideale Berufsgebiete sind folglich unter anderem alle Berufe, die mit der Kontrolle von Normen und Vorschriften zu tun haben, vom Pförtner und Gefängniswärter angefangen bis zum Polizisten und Lehrer. In der Industrie sind Materialprüfung, Sicherheits- und Qualitätskontrolle bei ihnen in besten Händen. Sie sind hervorragende Schlussredakteure, Bankangestellte, Verwaltungsbeamte, Richter, Staatsanwälte und Rechtsanwälte. Auch wer ein Lexikon oder eine Enzyklopädie schreibt, wer in der Texterfassung beschäftigt ist, wer im Krankenhaus auf der Intensivstation arbeitet oder im Operationssaal tätig ist, gehört in der Regel zum Typ »Kontrolleur«.

Weniger wohl fühlen sich »Kontrolleure« in einer Arbeitssituation, die ihnen ständige Entscheidungen abverlangt. Da sie am liebsten zwischen »Ja« und »Nein« entscheiden und weniger gern in dem großen Graubereich dazwischen, der »Vielleicht, falls …« heißt, kostet es sie viel Energie, sich in diesem Bereich zu bewegen. Als Juristen sehen sie an einem Menschen nur, ob er schuldig oder unschuldig ist, und sie sehen nicht die guten und schlechten Seiten eines Menschen. Als Ärzte prüfen sie nur, ob ein Mensch krank oder gesund ist, und allmähliche Übergänge, etwa zwischen einem erhöhten und einem zu hohen Blutdruck, können sie schwerer beurteilen. Als Studenten fällt es ihnen möglicherweise schwer zu entscheiden, ob sie noch weitere zehn Bücher zu ihrem Thema lesen müssen oder ob das Entscheidende bereits gesagt worden ist. Es kann durchaus geschehen, dass sie den Wald vor lauter Bäumen nicht sehen und das Wesentliche in einer ungeordneten Situation nicht bemerken. In einer klar strukturierten Arbeitssituation leisten sie daher ihr Bestes.

Ihre Persönlichkeitsstruktur

Bei jedem Menschen lassen sich Persönlichkeitsstruktur und Arbeitsverhalten zuordnen. Mischformen sind dabei die Regel. Grundsätzlich gilt: Jede Persönlichkeit hat ihre besonderen Stärken, ihre einmalige Kombination von Charaktermerkmalen.

Unter »normalen« Lebensbedingungen kann jeder Mensch leistungsfähig sein. Gerät man jedoch unter Druck, aus welchen Gründen auch immer, arbeitet man oft gegen seine Persönlichkeit an. Das kann ein wichtiger Grund für Arbeitsblockaden sein. Dann ist die Persönlichkeitsstruktur verletzt, und man kann nicht mehr optimal arbeiten.

Auch umgekehrt kann das Verhältnis von Ursache und Wirkung gehen: Wenn man lange einer »falschen« Arbeitsplatzsituation ausgesetzt war und es gar nicht mehr bemerkt, wenn also die Situation weiter fortdauert, können ernsthafte Störungen auftreten.

Es ist daher sehr wichtig, sich selbst genau zu kennen. So weiß man um seine Vorzüge und Schwächen. Denn sie machen das wichtigste Strukturelement Ihrer Arbeit aus: Ihre Persönlichkeit.

Praxis-Tipp

Leben Sie im Einklang mit sich selbst

Jeder Charakter hat positive und negative Entwicklungsmöglichkeiten. Ob etwa aus dem »Glänzenden« ein ichbezogener Angeber wird, der alle anderen schlecht macht, oder ob aus ihm ein verantwortungsbewusster Repräsentant einer großen Menschengruppe wird – beides ist in diesem Charakter angelegt. Die besten Seiten treten meist dann zutage, wenn man im Einklang mit sich selbst lebt. Dann kommen auch Arbeitsblockaden seltener vor.

Sehen Sie in allen Ihren Eigenschaften die positive und produktive Seite. Wenn Sie etwa langsam und gründlich sind, geben Sie vielleicht einen erstklassigen Uhrmacher ab, würden aber als Börsenmakler kreuzunglücklich.

Wenn Sie die sechs Skalen am Ende der Tests zusammen ablesen, bekommen Sie etwa eine Vorstellung von Ihrer Charaktermischung. Daran können Sie auch erkennen, welche Arbeiten Ihnen besonders liegen. Jede Mischung hat ihre besondere Stärke.

Wenn Sie z.B. zu 80% »Enthusiast« und zu 60% »Kontrolleur« sind, zeigt das an, dass Sie einerseits sehr kreativ sind, aber von dem, was vielen Kreativen fehlt, nämlich Arbeitsdisziplin, Verantwortung, Verlässlichkeit und Regelmäßigkeit, auch sehr viel in sich vereinigen. Kultivieren Sie die Tatsache, dass Sie einmalig sind!

Die individuelle Mischung meiner Persönlichkeit						
Das bin ich ... zu						
	100%	80%	60%	40%	20-0%	
						Gute Eigenschaften Schlechte Eigenschaften
1 Einsiedler			X			genau pedantisch
2 Enthusiast				X		kreativ schlampig
3 Helfer			X			hilfsbereit unrealistisch
4 Glänzender					X	anspruchsvoll menschenverachtend
5 Vorsichtiger			X			guter Zweiter / leicht chaotisch
6 Kontrolleur				X		verlässlich Schwarz-Weiß-Maler

Fazit: Das ist Ihre seelische Grundstruktur

Jeder Mensch trägt gewisse Strukturen in sich. Sie gehören zu seiner Natur. Gegen sie kann und soll er nicht angehen. Sie sind sein größtes Kapital. Zu dieser Struktur gehört eine gewisse Art, Probleme anzupacken, eine gewisse Grundverfassung, in der wir uns immer wieder befinden, und, davon abgeleitet, bestimmte Methoden, mit denen wir arbeiten. Ihr Weg zum Glück findet seinen Ausgang da, wo Sie im Einklang mit diesen Grundstrukturen arbeiten und Ihre persönlichen Vorzüge auch beruflich ausbauen.

Nachdem Sie nun Ihre eigene innere Grundstruktur klarer sehen, geht es jetzt daran, die Problemfelder in Ihren Arbeitsstrukturen zu erkennen. An welchen Punkten treten Blockaden in Ihrem Arbeitsalltag am häufigsten auf? Leiden Sie unter »Aufschieberitis«? Ist es das Prioritätensetzen, die Unterscheidung zwischen Wichtigem und Nebensächlichem, das Probleme bereitet? Verzetteln Sie sich schnell? Gerät Ihre Zeitplanung immer wieder aus dem Ruder oder drohen innere Stimmen den Erfolg zu verhindern? Die folgenden Kapitel führen schrittweise an der Struktur typischer Arbeitsabfolgen entlang und ermöglichen Ihnen so die konkrete Problembestimmung. Und damit – die Problemlösung!

Finden Sie
den Anfang

Das Phänomen der Arbeitsblockaden ist nicht neu. Neu ist nur, dass man es behandelt. Aber welche Gefühle ein Mensch mit Arbeitsstörungen hat, ist schon vor Jahrzehnten beschrieben worden. Der Schriftsteller Siegfried Lenz schildert in seinem Roman *Deutschstunde* einen jungen Strafgefangenen, der ebenfalls unter Arbeitsstörungen leidet. Sein Problem ist dies: Er sollte in der Deutschstunde der Strafanstalt einen Aufsatz schreiben, hat aber ein leeres Heft abgegeben. Er »konnte nichts schreiben«. Und der Grund dafür: Es war ihm zu viel eingefallen.

Das klingt auf den ersten Blick absurd. Bei Siegfried Lenz wird auch die groteske Seite von Arbeitsblockaden deutlich. Seine Schilderung ist in ihrem trockenen Humor sehr komisch. Sie bezieht ihren Humor auch aus der Darstellung der Tatsache, dass keiner den anderen versteht und jeder nur mit seinen Routinemaßnahmen reagiert. Der Lehrer, der ein leeres Heft bekommt, ist wütend und geht mit dem Jugendlichen zum Direktor. Der findet die Arbeitsstörung ebenfalls unverzeihlich und bestimmt: Der Junge muss ins Anstaltsgefängnis und die Arbeit dort nachschreiben.

Man spürt die heftigen Emotionen, die Arbeitsblockaden auslösen: die Qual des Jungen, der schreiben will und nicht weiß, an welcher Stelle er die Geschichte zu packen bekommen soll; die Wut des Lehrers, der eigentlich als sehr freundlich beschrieben wird; den Zorn des Direktors, der die Strafe verhängt; und dann die Wut des eingesperrten Jungen, der hinter den Gitterstäben des Gefängnisses sitzt und noch immer nicht anfangen kann, so sehr wühlen ihn die Erinnerungen auf, die das Aufsatzthema in ihm losgetreten hat.

Aber die Geschichte kommt zu einem guten Ende. Unter dem äußeren Druck zwingt sich der Junge schließlich anzufangen und schreibt los. Und nun kann er nicht mehr aufhören. Der Aufsatz wird lang und länger. Er füllt ein ganzes Schulheft. Dann ein weiteres. Und am Ende, nach mehreren Wochen des Eingesperrtseins, hat er einen dicken Stapel Schulhefte mit seinem »Aufsatz« gefüllt und sich so alles von der Seele geschrieben. Es ist der Roman selbst. Übrigens ein Bestseller.

Wenn Sie Zeit haben, lesen Sie doch einmal das erste Kapitel der *Deutschstunde*. Vielleicht erkennen Sie einige Ihrer Qualen darin wieder. Ich finde an dieser Geschichte so tröstlich, dass Menschen mit Arbeitsstörungen wirklich nur blockiert sind. Wenn sie die Blockade überwunden haben, kann sich ein wahrer Sturzbach an guten Einfällen, an wichtigen Entdeckungen und an Erkenntnissen ergießen. Nehmen Sie daher die Geschichte von Siegfried Lenz' Helden Siggi als Leitbild für die Überwindung Ihrer eigenen Arbeitsstörungen. Auch Ihnen wird noch vieles gelingen!

Betrachten Sie nun mit Siggi, welche Gefühle einen im Zusammenhang mit Arbeitsblockaden hin und her schütteln.

Am Anfang steht die Wut. Man ist eingesperrt und an seinen Schreibtisch »gefesselt« und soll etwas tun, für das man absolut keine Motivation aufbringen kann.

Die Strafarbeit

»Aller Anfang ist schwer«, sagt der Volksmund nicht umsonst. Das gilt auch bei der Arbeit. Da haben Sie sich etwas vorgenommen, aber »irgendwie ergibt es sich nie«, dass Sie wirklich damit anfangen können. Wie ein Hund, der seinen Schlafplatz durch unendliche Kreisgänge glättet, schleichen Sie um Ihren Schreibtisch, ohne sich dort niederzulassen. Sie putzen das Arbeitszimmer, dann auch schon mal das Bad und die Fenster, Sie entsorgen Ihr E-Mail-Postfach und erledigen unwichtige Korrespondenz, aber das eigentliche Projekt greifen Sie nicht an. Die Arbeit, zu der Sie gerade noch so viele Ideen hatten, liegt nun wie eine Strafarbeit vor Ihnen, zu nichts anderem geschaffen, als Sie von den schönen und nützlichen Dingen des Lebens abzuhalten und Sie zu quälen.

Wer sich zu Unrecht bestraft und inhaftiert fühlt, hat mehr mit dem Gefühl der Rebellion gegen die unverdiente Strafe zu kämpfen als mit dem eigentlichen Gegenstand seiner Arbeit.

Widerwille und Auflehnung gegen die Arbeit

Die innere Auflehnung gegen die gestellte Aufgabe ist vielen Menschen mit Arbeitsstörungen gemeinsam.

Tückischerweise ist einem aber gerade der Grund der Auflehnung oft nicht bewusst. Man weiß nicht, *warum* man einfach nicht anfangen kann. Der Feind, dessen Gegenwart man deutlich spürt, ist nicht auszumachen.

Weil man so empört und in innerem Protest über die Aufgabe ist, kann man sie schon gar nicht richtig erfassen. So ging es auch der Sachbearbeiterin Franziska Becker.

»Ich ärgere mich manchmal so schrecklich darüber, dass ich noch ein unangenehmes Telefonat führen muss«, schildert sie. »Ich weiß, irgendwann muss ich Herrn Pumeyer anrufen und mit ihm die Vertragsbedingungen durchsprechen. Ich weiß auch, dass wir dann hart verhandeln. Und ich weiß schon jetzt, dass mir das nicht liegt und ich es nicht ausstehen kann. Also schiebe ich es erst mal auf die lange Bank und erledige meine Tagespost. Dann mache ich mir einen Kaffee und hoffe, dass er heute vielleicht nicht ans Telefon geht oder überraschend Typhus bekommen hat. Dabei schleppe ich den ganzen Tag den Gedanken im Hinterkopf herum *Du musst aber noch Herrn Pumeyer anrufen.* Wenn ich ehrlich bin, merke ich richtig, wie viel Energie es mir abzweigt, nicht daran zu denken. Ich kann mich auf meine anderen Aufgaben gar nicht richtig konzentrieren. Der innere Schweinehund erinnert mich nämlich andauernd daran: Nächste Woche will die Abteilungsleitung den Vertrag vorliegen haben. Und ich mache mir pausenlos Sorgen darüber, dass ich den Vertrag nicht rechtzeitig ausgehandelt habe. Na, irgendwann ringe ich mich dann doch durch und rufe Herrn Pumeyer an. Und dann bin ich oft verblüfft darüber, wie einfach das Problem zu lösen war. Herr Pumeyer hat allen Vorschlägen zugestimmt, und das Gespräch war in einer Viertelstunde erledigt. Und dann fällt alles wie eine große Last von mir ab.«

Konzentrationsstörungen

Wem es so geht wie Franziska Becker, meint oft, er leide unter Konzentrationsstörungen. Aber was sind Konzentrationsstörungen überhaupt? Wessen Gedanken immerzu abschweifen, der hat den Kopf nicht frei. Franziska Becker macht sich das Leben schwer, solange sie die Aufgabe, die ihr unheimlich ist, liegen lässt, statt sie einfach hinter sich zu bringen. Solange sie nichts anpackt, scheint die Aufgabe immer schwieriger zu werden. Erst in dem Moment, in dem Franziska sie wirklich anpackt, verliert sie ihre Spukgestalt. Und siehe da: Es war ganz einfach. Das Gespenst war nur ein Bettlaken. Was aber, wenn es nicht um ein konkretes Detail geht, das man einfach abarbeiten kann? Jeder hat schon einmal erlebt, dass er ein Buch oder einen Zeitungsartikel zu lesen beginnt, und schon nach wenigen Zeilen ertappt man sich dabei, dass man immer wieder dasselbe lesen muss: Man versteht nichts.

Dann ist entweder die Lektüre zu komplex und schwierig, oder aber der Leser ist nicht ganz bei der Sache. Irgendein innerer Vorgang beansprucht dann seine Konzentration mehr als der Stoff vor seinen Augen.

In schweren Fällen will jemand einen simplen Fernsehfilm anschauen, aber selbst die Bilder können seine Aufmerksamkeit nicht mehr fesseln. Er spürt, wie er grübelt und grübelt und die Gedanken etwa immer um ein bestimmtes persönliches Problem kreisen. Sie wandern von selbst dahin, und dieser Prozess scheint nicht steuerbar.

Der Kopf ist einfach nicht frei für die Außenwelt. Man kann sich mit nichts befassen, was außerhalb seiner selbst liegt.

In diesem Fall kann es helfen, wenn man den störenden Gedanken niederschreibt, etwa in ein Tagebuch, das man täglich führt. Auf diese Weise wird er regelrecht aus dem Kopf hinausbefördert. Er drängt sich nicht immerzu als etwas Unerledigtes zwischen Ihre Arbeit, sondern er hat einen Platz gefunden. Später kann man sich diesem Problem dann mit voller Aufmerksamkeit widmen.

Wer herausfinden will, welche Probleme da unerledigt durch den Kopf reisen, kann das in einer tiefenpsychologisch fundierten Psychotherapie tun. Diese Psychotherapie ist eine Leistung der gesetzlichen Krankenkassen und nicht hoch genug einzuschätzen. In dreißig bis fünfzig Sitzungen zu fünfzig Minuten beim Psychotherapeuten kann man sehr viel über sich erfahren. Dreißig Sitzungen entsprechen, wenn man Urlaubs- und Ausfallzeiten hinzurechnet, etwa einem Jahr Psychotherapie.

Darüber hinaus kann man auch sein Konzentrationsvermögen selbst gezielt trainieren. Es gibt Bücher mit Knobelaufgaben, Kreuzworträtseln usw., die nur mit einem gewissen Maß an Konzentration zu lösen sind. Wir sind heute so stark einer permanenten Reizüberflutung ausgesetzt, dass es immer schwerer fällt, mit unserer Aufmerksamkeit gezielt bei einer Sache zu bleiben.

Ideal wäre ein Konzentrationstraining von etwa fünfzehn Minuten täglich. Mehr hilft in diesem Fall nicht mehr. Wer meint, er könne sein Konzentrationsvermögen rapide steigern, indem er mehrere Stunden täglich Konzentrationstraining macht, wird meistens enttäuscht. Sinnvoll ist hingegen die langsame Steigerung von Konzentrationsaufgaben. Als Faustregel gilt: Tun Sie es so lange, wie es Ihnen leicht fällt.

Was stört die Konzentration?

Dinge, die einem Sorgen machen, die Angst und Unbehagen auslösen, sollte man sich so schnell wie möglich vom Halse schaffen. Besonders dann, wenn es schnell zu erledigen ist, etwa durch ein Telefonat, durch eine kurze Anfrage beim Kollegen. Sind die Sorgen größer, muss man sehen, wer einem helfen kann. Vielleicht ein Assistent, der einem Hausarbeit abnimmt? Ein Computerspezialist? Ein Rechtsanwalt? Ein Arzt? Ein Bankangestellter? Ein Psychotherapeut? Reden Sie mit einem Fachmann und geben Sie Ihren Sorgen einen Platz.

Die Qual des Beginnens

Der Kampf gleicht einem Gefecht im Nebel: Beide Parteien sind anwesend, aber nicht zu sehen. Sie glauben zu wissen, wo der Feind steht. Sie ziehen voran. Da trifft Sie ein Schlag auf den Kopf. Der Feind hatte direkt neben Ihnen gestanden.

Aber: Der Kampf findet im eigenen Kopf statt. Der Schauplatz: Ihr Arbeitsplatz. Die Aufgabe lautet: »Mach das.« Gerade eben noch war Ihnen vollkommen klar, wie Sie es machen wollten. In Ihrem Kopf ist eigentlich alles fertig. Und dann steht plötzlich »der Feind« neben Ihnen im Nebel und erschlägt Sie nahezu mit seinen Einwänden. »So kann man es doch nicht sagen!«, erhebt sich kritisch die innere Stimme. Und: »Nein, das muss ganz anders aussehen.« Und das Werk, das eigentlich schon fertig war, zerfließt wie ein Spiegelbild im bewegten Wasser. Der Nebel hüllt wieder ein, was gerade fertig war.

Diese Kämpfe sind schwer erträglich. Sie finden in aller Stille statt, nur in Ihrem Kopf, und niemand nimmt sie wahr außer Ihnen selbst.

Die Qual des Beginnens kennzeichnet eine ganz bestimmte Art von Arbeitsblockaden. Sie betrifft vor allem Menschen, die gut denken und ihre Arbeit mental gut vorbereiten können, aber immense

Hemmungen haben zu beginnen, weil sie befürchten, dass die Entscheidung, die sie treffen, falsch ist. Sie stehen also unter dem Druck: Es muss hundertprozentig richtig sein. Und sie befürchten unabsehbare Folgen, Sanktionen oder Bestrafungen, wenn sie nicht genau das Richtige entschieden haben.

Praxis-Tipp

Wenn Sie nicht anfangen können

Stecken Sie sich selbst »ins Gefängnis«. Zwingen Sie sich anzufangen. Niemand kann Sie von der Arbeit ablenken, wenn Sie das nicht wirklich wollen. Kein Anruf, kein Kollege, kein Umstand. Fangen Sie einfach an. Machen Sie es zu Ihrem dringendsten Bedürfnis, anzufangen. Wenn Sie zur Toilette gehen müssen, kann Sie auch niemand abhalten. Denken Sie also nur daran: Sie fangen an.

Angst vor dem leeren Blatt

Auch sie ist sprichwörtlich.

Weiß und riesengroß liegt das leere Blatt vor Ihnen. Kein falsches Wort hat es befleckt. Sie brüten über dem ersten Wort, dem ersten Satz. Sie holen tief Luft und wollen ihn niederschreiben, da durchzucken Sie die Worte »Aber so kann man das doch nicht sagen!« oder »Das meinte ich doch ganz anders!«. Also schreiben Sie es nicht hin. Oder, falls es schon dastand, streichen Sie es noch einmal durch.

Bis Sie sich überhaupt zum ersten Wort durchgerungen haben, sind Stunden vergangen. Die Arbeit wird nicht fertig.

Bodo Niemeyer hatte in seinem Studium auch Angst vor dem leeren Blatt.

»Das ist vielleicht der Grund dafür, dass ich so viel gelesen habe. Denn sobald ich etwas zu Papier gebracht hatte, was ich hinterher auch abgeben musste, habe ich damit ja meine eigenen Gedanken geäußert. Und davor hatte ich unglaubliche Angst. Sobald da irgendetwas stand, konnten es andere Menschen doch auch lesen und mich quasi dafür bestrafen, dass ich solchen Blödsinn niedergeschrieben habe.«

Die panikartige Angst vor dem leeren Blatt gibt es in vielen Berufen. Der Pastor, der am Samstagabend noch nicht den ersten Satz seiner Predigt aufs Papier gebracht hat, der Lehrer, der für den nächsten Tag noch die Aufgabe der Klassenarbeit formulieren muss, der Anwalt, der den Schriftsatz bis Mitternacht bei Gericht einreichen muss, der Journalist, der seinen Kommentar fertig geschrieben haben muss, bevor in einer halben Stunde Redaktionsschluss ist: Sie alle kennen die panische Scheu vor dem ersten (falschen!) Wort auf dem leeren Blatt.

»Es sollte ja nichts Falsches dastehen«, erläutert Bodo Niemeyer, ein wenig kleinlaut.

Aus seinen Worten spricht die nackte Angst. Das ist nicht die Angst eines Studenten vor einer möglicherweise verpatzten Seminararbeit, sondern es ist die existenzielle Angst eines Kindes, für das, was es Originelles hervorgebracht hat, nicht nur nicht gelobt zu werden (wie es verdient wäre), sondern sich die Liebe seiner Eltern für alle Zeiten zu verscherzen.

»Was hast du denn da wieder für einen Blödsinn gemacht?« Solche elterlichen Sätze hallen noch Jahrzehnte später durch den Kopf.

Aus jener Quelle speist sich die Angst vor dem leeren Blatt. Nur dadurch kann sie so übermächtig werden, dass dem fähigen Menschen, der über das Blatt gebeugt sitzt, der kalte Schweiß ausbricht.

Aufschieben:
»Werde ich eben einen Tag später Millionär!«

Die Angst vor dem Beginnen, die Angst vor dem ersten Satz, der das elterliche Donnerwetter auslöst, ist ein Hauptkennzeichen von Arbeitsstörungen. Martina Hansen wollte daher den Anfang selbst immer weiter hinausschieben:

> »Der Hauptmechanismus, den ich angewendet habe, war, zu denken: Ach, in einer halben Stunde kann ich auch noch anfangen. Oder: Ich kann jetzt noch eine Stunde länger fernsehen. Bis die Zeit überhaupt nicht mehr reichte. Und so habe ich das weiter und weiter geschoben. Ich hatte ein sehr schlechtes Gewissen dabei. Aber am nächsten Tag habe ich wieder dasselbe gemacht. Ich habe es vor mir hergeschoben, bis es irgendwann nicht mehr ging.«

Unter Studenten ist es dann oft ein makabrer Spaß, über die eigene vertane Zeit zu witzeln. Wenn man wieder einen Tag lang nicht gearbeitet hat, tröstet man sich abends in fröhlicher Runde: »Macht auch nichts – dann werde ich halt einen Tag später Doktor!«

Und wer ausgezogen war, durch seine Arbeit wohlhabend zu werden, lullt sich ein mit dem Satz »Ist doch halb so schlimm – dann werde ich halt einen Tag später Millionär!«.

Das traurige Fazit ist, dass die meisten von ihnen weder wohlhabend noch promoviert werden.

Ablenkungen

Am liebsten setzte sich Bodo Niemeyer an seinen zweiten Schreibtisch im Arbeitszimmer. Da der erste von der »eigentlichen Arbeit« okkupiert war, der Seminar- oder Magisterarbeit, hatte er sich einen zweiten Schreibtisch dazugestellt, an dem er seinem ständigen Nebenerwerb nachging: Er zeichnete Comics für verschiedene Verlage. Die Rechtfertigung vor sich selbst lautete: Er brauchte mehr Geld, um sein Studium zu finanzieren.

So begann Bodo seinen Arbeitstag an dem Nebenschauplatz »Zweiter Schreibtisch« – um dann zumeist auch dort am Abend aus tiefer Trance aufzuwachen. Er war den ganzen Tag über seiner Nebenerwerbstätigkeit nachgegangen und hatte seine Hauptarbeit wieder einmal aufgeschoben. Einerseits war er nun müde und hatte ein Tagwerk vollbracht. Andererseits hatte er im Grunde nichts getan, weil er seine eigentliche Arbeit – das Studium – nicht eines Blickes gewürdigt hatte.

Im Büroalltag haben die Ablenkungen ein anderes Gesicht.

Die Buchhalterin Iris Schnack muss noch die Gehaltsabrechnungen für den gerade vergangenen Monat machen. Heute ist Donnerstag, und sie arbeitet freitags nicht. In zwei Stunden endet ihr Tag in der Firma. Sie kann die Abrechnungen nicht fertig stellen, weil Regina im letzten Monat Urlaub hatte. Aber der Urlaubsschein ist weg. Iris Schnack wird unruhig. Sie braucht den Urlaubsschein für die Gehaltsabrechnung. Und sie will Regina nicht fragen, wie viele Tage Urlaub sie hatte. Diese Blöße würde sie sich nie geben. Morgen früh will sie mit ihrem Mann eine Woche auf Motorradurlaub fahren. Dafür muss sie heute Abend alles vorbereiten. Sie muss also diesen Urlaubsschein finden. Sie geht zum Aktenschrank und durchsucht einen Ordner. Da steht ihre Kollegin Gitta in der Tür. »Hallo Iris. Na?«
Iris sieht: Gitta will mal wieder ein Schwätzchen halten. »Freust du dich aufs Motorradfahren?« Da geht es schon los. Sie kann doch jetzt nicht unhöflich sein. »Und wie.« »Fahrt ihr wieder auf den Hockenheim-Ring?« Jetzt ist es passiert. Iris Gedanken sind nicht mehr bei Reginas Urlaubsschein. »Nein. Diesmal geht es erst die Weinstraße hinunter und dann in die Alpen.« »Wohin denn?« »Kreuz und quer durch die französische Schweiz. Da waren wir noch nie.«
In diesem Moment schrillen bei Iris die Alarmglocken. Gitta hat sie schon so oft von der Arbeit abgehalten. »Bei dir ist es immer so gemütlich«, sagt sie dann. Natürlich hört Iris das gern, zumal ihr Regina ständig zickig kommt. Und so oft hat sie versäumt zu sagen: »Ich habe jetzt leider keine Zeit.« Aber diesmal muss sie es einfach tun. Sie merkt, wie sie sich selbst einen inneren Schubs gibt. Und dann hört sie beinahe

verblüfft sich selbst beim Reden zu: »Du, Gitta, ich hab gerade ein Problem mit der Abrechnung. Wenn ich das jetzt nicht auf die Reihe bekomme, dann können wir morgen früh nicht losdüsen. Tut mir Leid. Ich
erzähl dir alles, wenn ich wieder da bin, ja?«
Gitta versteht zum Glück. »Klar. Ich wollte nur mal gucken, wie's bei dir
geht. Bei dir ist es immer so schön aufgeräumt!«

Dieser Konflikt ist geradezu vorbildlich ausgegangen. Iris Schnack
hat sich nicht wirklich stören lassen und konnte ihre Arbeit schließlich innerhalb der zwei Stunden beenden. Gittas Bedürfnis nach ein
wenig menschlicher Wärme im Büroalltag ist auch befriedigt. Keine
ist der anderen böse, und doch hat Iris ihre Arbeit beendet.

Was Sie tun können,
um den Anfang zu finden

Am einfachsten ist es, wenn Sie nicht allein arbeiten, sondern wenn
jemand bei Ihnen ist, der Ihnen helfend zur Seite steht. Diese Person
ist dann quasi Ihr Verbündeter im Kampf gegen die abwertenden
Stimmen, die Ihnen noch im Ohr klingen.

➤ Lassen Sie diese andere Person Sätze sprechen wie: »Du machst
   das jetzt. Du fängst jetzt an. Komm, setz dich. Jetzt ist Zeit. Du
   machst es bestimmt gut.« Lassen Sie sich freundlich, aber bestimmt anreden.

Gegebenenfalls muss diese zweite (genauer gesagt: dritte) Person
auch streng werden: »Wenn du nicht sofort anfängst mit der Arbeit,
gibt es Ärger.« Oder soll sie sanft motivieren? »Los, du schaffst das
bestimmt. Mit Sicherheit wird dir etwas sehr Gutes einfallen. Du hast
den ganzen Tag vor dir, also nutze die Zeit, setz dich hin und fang an.
Ich bin schon sehr gespannt darauf zu erfahren, was dir eingefallen
ist. Zeigst du es mir nachher?«

Wichtig ist, dass jemand wirklich laut mit Ihnen spricht. Die Sätze müssen Teil einer neuen Realität werden. Die »Szene im Nebel« muss einer realen Konfrontation weichen.

Im praktischen Alltag genügt es, wenn etwa ein Kommilitone, ein Kollege oder ein Familienmitglied (als »Coach«) den Arbeitstag mit Ihnen so beginnt. Oft genügt es schon, wenn man nur beim Arbeitseinstieg Hilfe bekommt. Der Rest läuft dann erst einmal von selbst weiter. Eventuell kann ein kurzes Gespräch zur Mittagszeit und am Abend Rückmeldung verschaffen, ob Sie tatsächlich erreichen konnten, was Sie sich vorgenommen hatten.

Steht eine solche Person nicht zur Verfügung, müssen Sie die Rolle eben selbst spielen. Reden Sie sich laut und freundlich an. Behandeln Sie sich gut! Schreien Sie sich nicht an und machen Sie sich keine Vorwürfe. Lassen Sie die Worte wirklich durch den Raum klingen. Freuen Sie sich auf das, was Sie gleich erarbeiten werden. Sagen Sie, wie wichtig es ist, dass Sie jetzt anfangen. Legen Sie schon am Vorabend eine Zeit fest, zu der Sie anfangen werden.

Und wenn dann die Einwände kommen und die Bedenken? Wenn Ihnen der Schweiß ausbricht und Sie einfach nicht sitzen bleiben können?

Dann zeigen Sie, dass Sie stärker sind als der kleine Mann im Ohr.

Sie bleiben sitzen. Denn das *wollen* Sie ja im Grunde.

Sie haben gute Ideen, und die setzen Sie gerade in die Tat um. Sie haben Projekte, die die Welt braucht. Und davon wird Sie ein kleiner Mann im Ohr durch nichts abbringen.

Sagen Sie ihm das immer wieder.

Und denken Sie daran: Sie sind so, wie Sie sich in Ihrer Vorstellung selbst sehen. Sie sind stark und kreativ.

Schaffen Sie sich ein Anfangsritual

Die Studienrätin Ulrike Krautheim hat sich ein eigenes Ritual geschaffen, mithilfe dessen sie den Schreibtisch systematisch einkreist, um dann schließlich mit der Arbeit anzufangen:

1. Den Mülleimer ausleeren
2. Eine Kanne Tee kochen
3. Den Papierkorb leeren, aber schnell zurückkehren, damit der Tee nicht kalt wird
4. Den Schreibtisch abwischen
5. Anfangen

Schreiben Sie auf, welches Anfangsritual sich für Sie bewährt hat:

1. _____

2. _____

3. _____

4. _____

5. _____

Auf einen Blick: Jetzt geht's los!

- Wie lösen Sie den Anfangsknoten?

☐ Ich fange jeden Tag zur festgelegten Zeit mit meiner Arbeit an.

☐ Ich zwinge mich einfach, sitzen zu bleiben und anzufangen.

☐ Ich habe ein kleines Ritual, mit dem ich meinen Arbeitsanfang »einfädele«.

☐ Ich _____

• Wie lösen Sie den Angstknoten?

☐ Ich sage mir: »Mein leeres Blatt ist eine Einladung. Ich habe Wichtiges mitzuteilen.«

☐ Ich merke meine Angst nicht. Ich merke nur, dass ich oft verspannt bin. Dann setze ich mich fünf Minuten mit geschlossenen Augen und hängenden Armen an den Schreibtisch und entspanne mich tief.

☐ Ich esse und trinke etwas und lege dann los.

☐ Ich _____

• Wie lösen Sie den Widerwillensknoten?

☐ Ich sage mir: »Meine Arbeit ist keine Strafarbeit.«

☐ Ich raufe mir die Haare, schimpfe und fluche und fange trotzdem an.

☐ Ich _____

• Wie lösen Sie den Ablenkungsknoten?

☐ Ich stelle den Fernseher in den Keller.

☐ Ich lege alles weit weg, was mich ablenkt.

☐ Ich beende alle Gespräche mit Kollegen in einem freundlichen, aber konzentrierten Ton und sage: »Tut mir Leid. Können wir später reden? Ich bin gerade ganz doll im Stress.«

☐ Ich reduziere Telefonate, E-Mails, Sonderaufgaben, Hilfeleistungen für andere, das Aufräumen der Akten von vor zehn Jahren, Körper- und Raumpflege, Lebensmittelaufnahme, zielloses Herumsuchen in meinem Arbeitsumfeld und fange an.

☐ Ich _____

• Wie lösen Sie den Verschiebeknoten?

☐ Ich denke: »Werde ich halt einen Tag eher Millionär!«

☐ Ich frage mich: »Werde ich Magenzwicken bekommen, wenn ich die Arbeit aufschiebe oder wenn ich sie erledige?«

☐ Ich denke: »Ich fange lieber an und mache dann etwas früher Pause.«

☐ Ich _____

So finden Sie jeden Tag einen guten Anfang für Ihre Arbeit. Das ist die Struktur, die Sie weiterbringt.

Bestimmen Sie
das Wichtigste

Als Abteilungsleiterin in einer sozialen Einrichtung für pflegebedürftige Jugendliche ist Elke Michelsen mitunter zwanzig Stunden am Tag im Einsatz. Die ihr und ihren Mitarbeitern anvertrauten schwerstbehinderten Jugendlichen müssen rund um die Uhr betreut werden. Es gibt Phasen, zu denen die Arbeit gut zu schaffen ist. Alles ist im Lot, und am Ende eines Arbeitstages ist gerade alles erledigt, was getan werden muss.

Es gibt aber auch Phasen, an denen besonders viel Arbeit anfällt. Als mehrere Jugendliche an einer Salmonelleninfektion erkrankten und gleichzeitig zwei Neuzugänge zu bewältigen waren, gerieten die Mitarbeiterinnen in Panik. Der Gestank und das Durcheinander sowie der Anblick der irritierten Kollegen selbst verschlimmerten die gehetzte Stimmung. Keiner wagte, der Situation die Stirn zu bieten. Elke Michelsen berichtet:

»In dieser Situation wäre eigentlich das Sinnvollste gewesen, eine kurze Teamsitzung abzuhalten. Fünfzehn Minuten Lagebesprechung, in der wir festgelegt hätten, was zuerst getan werden muss. Einen Fragenkatalog aufstellen und abarbeiten: Was ist das Wichtigste? Wer tut es? Was kommt als Zweites? Und so weiter. Aber die Situation war so panisch, dass eine Teamsitzung völlig außer Frage schien. Es kam allen so vor, als ob jede Sekunde, die sie mit Planung verbrachten, verschenkte Zeit wäre – wo es doch so viel anzupacken gab! Also hat jeder sich auf irgendetwas gestürzt und irgendetwas gemacht. Da wurden Betten gemacht, Wäschesäcke geschnürt und Kleidung gewechselt am laufenden Band, nur damit jeder irgendetwas machte, damit etwas ›abgehakt‹ war und man dieser Masse Arbeit irgendwie gezeigt hatte, dass man nicht vor ihr kapitulierte. Aber im Grunde war das völlig falsch. Es wäre viel besser gewesen, sich eine Viertelstunde zusammenzusetzen und gemeinsam zu überlegen: Was ist das Wichtigste? Was machen wir zuerst? Was können wir noch schaffen? Wie lange dauert das? Und was passiert, wenn wir dieses und jenes heute einfach liegen lassen, denn wir können es nicht schaffen?«

Was ist eigentlich wichtig bei meiner Arbeit? Was ist unwichtig? Das zu unterscheiden fällt oft schwer. Um Prioritäten zu setzen, muss man das Wesentliche vom Unwesentlichen unterscheiden können.

Test: Können Sie wichtig und unwichtig gut unterscheiden?

	1 stimmt genau	2 stimmt oft	3 stimmt manch-mal	4 stimmt selten	5 stimmt gar nicht
Ich *könnte* gut arbeiten, wenn mich nicht dauernd jemand stören würde.			X	X	
Ich fange einfach mit der Arbeit an, und dann versinke ich in einer Art Nebel.				X	
Wenn ich mit jemandem über schwierige Dinge rede, brauche ich einfach viel Zeit, und beim Reden merke ich dann, wo ich eigentlich hinwill.					X
Ich lasse mich leicht ablenken.				X	
Ich kann doch nicht »zack-zack« alles abhaken!		X			
An meinem Arbeitsplatz liegen viele Stapel, in denen Wichtiges und Unwichtiges durcheinander liegt.			X		
Ich helfe gern anderen, während ich bei der Arbeit bin.				X	X
Bei mir hat nicht alles seinen Platz.		X			

	1 stimmt genau	2 stimmt oft	3 stimmt manch-mal	4 stimmt selten	5 stimmt gar nicht
Wenn ich mir ein Paar Schuhe kaufen muss, dauert das zwei Stunden und länger.				X	
Meine Telefonate dauern meist ziemlich lang.			X		
Ihre Punktzahl:		4	9	16	5

(handschriftlich am Rand: 34)

Zählen Sie Ihre Punkte zusammen. Wenn Sie weniger als 20 Punkte haben, können Sie vermutlich »wichtig« und »unwichtig« nicht einfach unterscheiden und sollten das folgende Kapitel aufmerksam lesen.

Prioritäten setzen

Menschen, die wichtig und unwichtig nicht trennen können, halten sich im Büro zu ihren besten Arbeitsstunden mit unwesentlicher Korrespondenz und auf Nebenschauplätzen auf.

In einer Prüfung erzählen sie alles, was sie zum Thema wissen, ohne auf die Prüfungsfrage Bezug zu nehmen.

Bei den Vorbereitungen zu einer Prüfung lesen sie jedes erreichbare Buch von der ersten bis zur letzten Seite, auch wenn sie die benötigte Information in der benötigten Ausführlichkeit längst haben.

Im Haushalt wandern sie von einem Aufgabenbereich zum nächsten, und jedes neu entdeckte Problem drängt sich ihnen mit solcher Wichtigkeit auf, dass sie sich ihm sofort widmen.

Wenn die Wichtigkeitsstruktur brüchig geworden ist, kostet Sie das bei Ihrer Arbeit viel Zeit. Manager, die viele Projekte und viele Arbeitsgänge parallel bearbeiten und daher sehr schnell Entscheidungen treffen müssten, grübeln nur noch: *Was soll ich nur tun? Wie? Welche Konsequenzen wird das haben?* Sie stellen sich alles bis ins Kleinste vor und sind dennoch ratlos. Den Studenten kostet es Zeit: Seine Diplomarbeit wird nicht fertig. Beim Examen verfehlt er das Thema und muss die Prüfung wiederholen. Lehrer sind sich unschlüssig, wie sie die Arbeiten ihrer Schüler bewerten sollen.

> Carmen Muntau, eine Lehrerin, konnte ihre Arbeit nicht mehr bewältigen, weil sie Angst hatte, die Klassenarbeiten ihrer Schüler ungerecht zu bewerten. Deshalb hatte sie für die Benotung eines jeden Schülers dreizehn Rubriken selbst entworfen und versuchte, nach diesen dreizehn Rubriken pro Schüler in jedem Fach Noten zu erstellen.
> Beim Korrigieren von Aufsätzen war sie sich nach dem Lesen des ersten Satzes schon nicht mehr sicher, ob sie auch wirklich in diesem ersten Satz alle Fehler entdeckt hatte; daher fing sie immer wieder von vorn an zu lesen. Diese Unsicherheit beim Unterscheiden von wichtig und unwichtig zog sich auch durch ihr Privatleben. Carmen konnte keine Überweisungsformulare für die Bank mehr ausfüllen, weil sie schon nach dem Ausfüllen des Datums unsicher war, ob sie nicht doch einen Fehler begangen hatte. Sie musste sich schließlich Hilfe von außen holen.

Carmen Muntaus Fall ist sicher ein Extrembeispiel. Doch gerade Menschen vom Typ »Kontrolleur« kennen oft ähnliche Symptome. Es ist eine Qual, wenn man effektiv arbeiten möchte. Alles steht gleichbedeutend nebeneinander. Und vor lauter Bäumen sieht man keinen Wald.

Jetzt noch schnell ...

Viele Wege führen in diesen Zustand, dass Sie den Wald vor Bäumen nicht sehen. Dies ist einer davon:

Sie wollen und müssen eine dringende Arbeit im Büro beenden. Da steht die Kollegin in der Tür. »Ach, *das* machst du gerade!«, ruft sie aus. »Du, ich hab da auch noch so einen Fall. Na, also, sag mal:

Wo du doch jetzt sowieso gerade dabei bist, kannst du das nicht eben schnell für mich mitmachen?«

Eigentlich hat die Kollegin Recht. Wenn Sie ihre Arbeit jetzt mitmachen, dauert es für Sie eine Viertelstunde länger. Wenn die andere damit anfängt, kostet sie das glatt zwei Stunden. Und die Kollegin tut sicher bei Gelegenheit auch etwas für Sie. Ist es da nicht sinnvoller, jetzt noch schnell ihre Arbeit mitzumachen?

Bei den Worten *Jetzt noch schnell* sollten Ihre Alarmglocken schrillen. Alles, was Sie *jetzt noch schnell* machen, hält Sie vom Wichtigsten ab. Sie müssen aber zuerst nur das Wichtigste bearbeiten! Sie haben Termindruck. Sie haben ein Problem mit Ihrer Arbeit.

Praxis-Tipp
....

Jetzt *nicht* noch schnell ...

Schaffen Sie sich alle *Jetzt noch schnell*-Arbeiten vom Halse. Arbeiten Sie nur das Allerwichtigste ab. Rechnen Sie nicht dreimal um die Ecke, welchen Vorteil Sie davon haben, wenn Sie jemand anderem jetzt auch einen Vorteil gewähren. Sie sind im Stress. Sie haben nur Zeit für das Wichtigste.

Vom Hundertsten ins Tausendste:
Sich verzetteln

Wer das Wichtige nicht vom Unwichtigen unterscheiden kann, verzettelt sich. Das Beispiel oben zeigt Ihnen, wie es im Büro dazu kommt. Auf das eine *Jetzt noch schnell* folgt das nächste. Und plötzlich sind Sie an irgendeiner Stelle im Arbeitsprozess, zu der Sie nie wollten. Aber dieses weit verbreitete Problem hat viele Gesichter. Auch bei der Hausarbeit – die ja schließlich, besonders im Zeitalter der Single-Haushalte, Männer wie Frauen betrifft – kommt es häufig vor. Drastisch schildert Monika Gaulke ihren Arbeitsalltag:

> »Ich habe angefangen staubzusaugen. Aber dann sah ich in der Ecke schon wieder die unaufgeräumte Wäsche liegen. Dann habe ich gemeint: Du müsstest jetzt erst mal die Wäsche wegbringen. Also hab ich bei der Wäsche angefangen. Dabei bin ich an der Küche vorbeigekommen und habe das schmutzige Geschirr gesehen und gedacht: Furchtbar sieht diese Küche aus. Also habe ich gemeint: Das Beste ist, du wäschst jetzt erst mal ab. Also war ich in der Küche. Da hatte ich also den Staubsauger liegen gelassen, die Wäsche liegen gelassen und war in die Küche gegangen. Und so ging das den ganzen Tag weiter, dass ich es nicht geschafft habe, eine Sache zu Ende zu führen.«

Solche Arbeitsstörungen bei Hausfrauen, wie sie Monika Gaulke beschreibt, treten sogar recht häufig auf. Frauen wie Monika wachen schon morgens völlig zerschlagen auf und haben Angst vor dem kommenden Tag, erleben alles nur als Plackerei und Qual und nehmen sich für einen Tag viel zu viel vor. Sie frühstücken in Hast, beginnen dann eine ihrer geplanten Tätigkeiten, können diese aber nicht zu Ende führen. Stattdessen fangen sie immer wieder neue Arbeiten an, getrieben von dem Schuldgefühl, nicht genug zu tun. Gleichzeitig haben sie auch Angst davor, sich mit einem fertigen Arbeitsabschnitt zu konfrontieren. Darin gleichen sie dem Menschen mit der Angst vor dem leeren Blatt: Wenn erst einmal etwas fertig wäre, so ist ihre Befürchtung, käme sicherlich gleich jemand, der sie dafür ausschimpft – und wenn dieser Jemand auch nur im eigenen Kopf sitzt, als schlechtes Gewissen, Schuldgefühl oder Scham über das Getane.

Eigentümlicherweise können solche Menschen aber oft sehr systematisch arbeiten, wenn jemand anderes sie um Hilfe bittet.

> »Ich musste mich auch noch um meine alte Schwiegermutter kümmern, für sie einkaufen, die Wohnung durchwischen und die Betten überziehen. Das kann eine so alte Frau mit Rückenbeschwerden nicht mehr. Dadurch verlor ich aber wieder jeden Tag ein bis zwei Stunden und wurde mit meiner eigenen Arbeit nicht fertig«, beschreibt Monika.

Das »Sichverzetteln« kommt auch bei Menschen, die wissenschaftlich arbeiten, oft vor. Da ist einer nie zufrieden mit dem, was er erfahren hat, und will immer noch mehr erforschen, dies aber zu einem Zeitpunkt, an dem er die Arbeit (oder den Arbeitsabschnitt) längst beenden müsste. »Was?«, schreit ihm sein kleiner Mann ins Ohr. »Das willst du abgeben? Bist du verrückt? Du hast doch so viel Wichtiges noch nicht erledigt!« Und er ist dann wirklich verrückt genug, dem kleinen Mann zu glauben – verpasst damit aber möglicherweise seinen Termin.

Wie können Sie sich davon befreien? Wie können Sie erkennen, was jeweils das Wichtigste ist?

Ein erster Schritt ist, wenn Sie überhaupt an sich feststellen, dass Sie gerade das Wichtige vom Unwichtigen nicht mehr unterscheiden konnten. Wenn man sich vorkommt »wie im Mustopf« und weder oben noch unten, weder rechts noch links, weder vorwärts noch zurück erkennt, und wenn einem das bewusst wird, dann hat man schon einen Riesenschritt zu einer effizienten Arbeitsstruktur geleistet.

Denn die meisten Menschen merken nicht einmal, wenn sie nicht auf den Punkt kommen. Vielleicht fällt ihnen vage auf, dass andere alles schneller erledigen, aber sie wissen nicht, warum. Sie trauen sich auch nicht zu, selbst punktgenau arbeiten zu können.

Praxis-Tipp
··········

Schluss mit der Verzettelei:

➤ Der erste Schritt: *Erkennen* Sie, wenn Sie Ihre Zeit vertrödeln und gar nicht wissen, was Sie eigentlich tun.

➤ Machen Sie dann eine kurze Pause. »Laden Sie« dabei »Ihren Akku auf«: Bewegen Sie sich oder essen Sie etwas. Stellen Sie sich dann die Frage: »Was ist denn hier eigentlich das Allerwichtigste?« Denn meistens weiß man genau, was das Wichtigste ist. Es ist einem nur nicht bewusst. Man ist in einer Art geistigem Nebel eingehüllt, in dem man sich nicht orientieren kann.

➤ Fragen Sie sich dann: »Was ist hier unwichtig? Was brauche ich nicht?«, und beginnen Sie, sich mit dem Wichtigen zu beschäftigen.

➤ Setzen Sie sich zunächst ein Zeitlimit. Nach zwanzig Minuten sinkt die Konzentration stark ab. Versuchen Sie, zwanzig Minuten lang nur das Wichtigste zu tun. Sie werden feststellen, dass Sie in diesen zwanzig Minuten enorm viel schaffen.

Das Wichtigste beim Reden

Viele Menschen können sich nicht kurz fassen. Sie führen lange Gespräche, aber bei genauer Betrachtung ist jedes zweite Wort überflüssig.

Andere reden immer knapp am Thema vorbei. Weil sie das Eigentliche noch nicht gesagt haben, plappern sie weiter und weiter. Am Ende haben sie ein Telefonat von einer Stunde geführt und dabei eine gewisse Spannungsabfuhr erfahren, aber es ist nichts Essentielles gesagt worden.

➤ Nehmen Sie sich bewusst vor, Ihre Gespräche knapp zu halten.

➤ Kommen Sie so bald wie möglich, nach einer einleitenden Höflichkeitsfloskel, zum Kern Ihres Gesprächs. Ihre Zeit – und die Ihres Gegenübers – ist kostbar. Das Telefon ist oft ein Zeitdieb.

Praxis-Tipp

für kurze Gespräche:

➤ Haben Sie keine Angst vor kurzen Gesprächen. Wenn man Sie für unhöflich hält, dann höchstens, wenn Sie etwas Unhöfliches gesagt haben, nicht, weil Sie sich kurz gefasst haben. »Fasse dich kurz!« stand vor fünfzig Jahren in allen gelben Telefonhäuschen über dem Telefon. Erlernen Sie diese Kunst.

➤ Trainieren Sie das, indem Sie jeden Tag einmal einem Menschen in einem einzigen Satz eine Freundlichkeit sagen – ein Kompliment machen oder einen Hinweis darauf geben, wie geschickt der andere etwas gesagt oder getan hat. Beobachten Sie seinen Gesichtsausdruck. Mit einem einzigen richtigen Satz können Sie Menschen für sich gewinnen und Situationen für sich entscheiden. Sie müssen wirklich nicht *viel* sagen.

➤ Erwarten Sie nicht zu viel auf einmal. Bleiben Sie dabei. Allmählich werden Sie sicherer.

Das Wichtigste am Telefon

Wir leben im 21. Jahrhundert. Wenn wir das dringende Bedürfnis verspüren, jemand anderem etwas mitzuteilen, müssen wir nicht immer unbedingt ein Telefongespräch führen. Bedenken Sie: Ein Telefongespräch reißt Ihren Partner aus seinen Gedanken, aus seiner Arbeit, aus seiner Gefühlswelt.

Oft ist eine E-Mail oder eine SMS sinnvoller. Damit sind Sie Ihren Gedanken los, und der Empfänger kann sich einteilen, wann er die Nachricht in Empfang nimmt und bearbeitet. Er hat Zeit, sich über Ihre Nachricht gebührend zu freuen. Er kann sie so wichtig nehmen, wie sie ist. Er schätzt Sie als rücksichtsvollen Kommunikationspartner.

Allerdings kann man auch die Kommunikation per E-Mail übertreiben. Manchmal lässt sich ein größeres Problem mit einem Kollegen schneller besprechen. Außerdem kann man Rückfragen und Unklarheiten mündlich immer noch am schnellsten klären. Auch das Hin und Her eines Prozesses der Ideenfindung kann im Gespräch schneller gehen als per E-Mail. Wo Terminabsprachen bei viel beschäftigten Menschen drei bis vier E-Mails brauchen, ist ein Telefonat einfach schneller. Also: abwägen.

Ihrer Arbeitsstruktur kommt das zugute, weil Sie Zeit für andere Aufgaben gewinnen und Ihre Arbeitsberge abarbeiten können. Ihre Kommunikationsstruktur wird »gereinigt«, weil Sie einen (eventuellen) Ruf als »Quasselstrippe« ersetzen durch den Ruf, freundlich und punktgenau zu formulieren. »A sagt einfach immer das Wichtigste, kurz und knapp«, wird man von Ihnen sagen.

Das Wichtigste bei Besprechungen

In vielen Berufen sind häufige Sitzungen und Besprechungen eine riesige Belastung. Lehrer müssen lange Zeugniskonferenzen führen, Journalisten Redaktionssitzungen, Manager Vorstandssitzungen, Gewerkschaftler Plenar- und Ausschusssitzungen, Pfarrer Kirchenvorstandssitzungen, Professoren müssen in Hochschulverwaltungssitzungen ihre kostbare Zeit verbummeln und Parlamentarier in Ausschüssen und Plenarsitzungen. Politiker und Verbandsfunktionäre verbringen halbe Lebenszeiten in Mitgliederversammlungen, Vorstandskonferenzen und Ausschusssitzungen.

Die Nachrichten, die bei solchen Gelegenheiten ausgetauscht, und die Meinungen, die verhandelt werden, werden in der Regel gesprochen vorgetragen. In allen diesen Sitzungen wird geredet. Viele Menschen nutzen diese Foren jedoch ausschließlich, um sich selbst darzustellen.

Die Glänzenden wollen mit ihrem Äußeren, ihrer Verfassung und ihrer Rhetorik glänzen. Die notorischen Bedenkenträger geben zu verstehen, dass »das so auf keinen Fall geht« oder jedenfalls »nicht so einfach ist«. Die Enthusiasten wollen den anderen begeistert mitteilen, was man außerdem noch machen und sagen könnte – ohne freilich die anstehenden Probleme zu lösen. Die Kontrolleure wollen beitragen, dass unter den gegebenen Umständen die vorgeschlagene Lösung schon rein verwaltungstechnisch nicht gangbar sei, und außerdem sprächen noch zahlreiche weitere Verordnungen dagegen. Und die Helfer stürzten sich mit schlechtem Gewissen und besten Absichten auf jedes zusätzliche Problemfeld, um eine Daseinslegitimation zu haben.

Wie viel Unwichtiges wird bei solchen Gelegenheiten geredet, wie viele Lebensjahre – in manpower gerechnet – werden auf solchen überlangen Sitzungen vertrödelt, ohne dass jemand etwas getan oder doch zumindest weitergebracht hätte!

Praxis-Tipp
■ ■ ■ ■ ■ ■ ■ ■ ■

Im Stehen konferieren

Aus den Vereinigten Staaten kommt eine einfache Lösung, wie viele solcher Sitzungen auf einen Bruchteil ihrer Zeit zu verkürzen sind. Dort hat sich die Angewohnheit verbreitet, im Stehen zu konferieren. Stellen Sie sich vor: Zeugniskonferenzen im Stehen. Vorstands»sitzungen« im Stehen. Mitgliederversammlungen im Stehen. Kirchenvorstands»sitzungen« im Stehen. Redaktionskonferenzen im Stehen.

Diese einfache Lösung schärft die Sinne aller Beteiligten für Wichtiges und Unwichtiges ungemein. Dabei wird nicht weniger erledigt. Das Unwichtige fällt nur wie von selbst weg.

Es bedarf lediglich eines Antrages und eines Beschlusses, dem vermutlich alle Beteiligten aus vollem Herzen zustimmen werden.

So sortieren Sie Unwichtiges von Wichtigem und gewinnen Zeit für Ihre vielen anderen Aufgaben.

Finden Sie einfache Worte

Mitunter hat schon ein einziger Satz, mitten in einer Verhandlung gesprochen, eine schwierige Situation entkrampft. Ein von Herzen kommendes »Wie schön, Sie zu sehen« oder ein anerkennendes »Das haben Sie großartig gesagt« kann Ihnen die Herzen Ihrer Verhandlungspartner weiter öffnen als stundenlange Debatten um die Frage, wer denn Recht habe.

Im europäischen Wissenschaftsbetrieb herrscht noch immer ein stiller Wettstreit darin, komplizierte Sachverhalte so verschnörkelt wie möglich auszudrücken. Diese Disziplin stirbt im 21. Jahrhundert allmählich aus. Stattdessen verbreitet sich die an amerikanischen Hochschulen gepflegte Kunst, tief schürfende Gedankengänge einfach und nachvollziehbar zu formulieren. Was Sie letztendlich in einfachen Worten sagen, klingt simpel, ist aber fundiert. Experten merken das sofort.

Wenn Sie einfache Worte finden, verschaffen Sie sich ein größeres Publikum. Sie kommen nicht in den Ruf, arrogant und unverständlich zu reden. Sie vermeiden überflüssige Fremdworte. Sie können sagen: »Die Menschen können ihr Bedürfnis zur Nahrungsmittelkonsumption nicht unbegrenzt aufschieben« oder Sie sagen: »Die Menschen müssen jeden Tag essen.« Inhaltlich ist es dasselbe. Fallen Sie nicht in falsch verstandenen Soziologenjargon, wenn Sie sich auch einfach ausdrücken können.

Kürze ist direkt. Und Direktheit spart Ihnen Zeit. Durch Direktheit erledigen Sie das Wichtigste, nur mehr davon.

Finden Sie
für alles einen Platz

In jedem Beruf, in jedem Arbeitsprozess, in jeder Firma wird die Arbeit nach einer inneren Ordnung erledigt, die Sie kennen und möglicherweise selbst schaffen. Manche Berufe, etwa die Handwerksberufe, berücksichtigen das besonders stark bei der Ausbildung ihres Nachwuchses. Andere (z.B. Kliniken, Verbände, Institutionen, Behörden) haben ihre »Hausmethode«, die manchmal auch dann noch beibehalten wird, wenn sie nicht mehr funktionsgerecht ist. »So haben wir das immer schon gemacht«, lautet die Begründung, die Neulinge dann zur Verzweiflung bringen kann.

Effizient arbeiten kann aber nur, wer genau weiß, was er wann tut und welche Funktion die einzelnen Elemente in seinem Arbeitsbereich haben.

Sie bestimmen also bei allen Gegenständen in Ihrem Arbeitsumfeld, welche Funktion sie haben sollen.

➤ Strukturieren Sie die äußere Ordnung Ihres Arbeitsumfeldes.

Oft kann man nicht mehr erkennen, was wichtig und unwichtig ist, weil auf einem Arbeitsplatz (Schreibtisch) einfach zu viel herumliegt. Man hat eine vage Vorstellung davon, dass sich in jenem Papierstapel etwas Wichtiges verbirgt. Deshalb wirft man ihn nicht komplett weg. Aber man wagt auch nicht, ihn durchzugehen – dazu fehlt schließlich die Zeit, und man fürchtet, sich dann wieder bei Nebensächlichem aufzuhalten.

Solche Haufen darf es auf die Dauer nicht geben, wenn Sie gut strukturiert arbeiten wollen.

Früher haben Sie Ihre Korrespondenz in »Eingang« und »Ausgang«
abgelegt. Heute haben Sie Ihren Computer voller E-Mails, die Sie
nicht löschen wollen. Welchen Platz sollen die bekommen? Löschen
Sie regelmäßig überholte Dateien? »Räumen« Sie ab und zu Ihre Festplatte auf? Ordnen Sie die Dinge einem, wie das Wort ja so bildhaft
heißt, Ordner zu? Und wenn Sie zu viele Dateien darin haben, legen
Sie regelmäßig weitere Unterverzeichnisse an, damit Sie auf alle benötigten Daten jederzeit Zugriff haben?

Handhaben Sie es genauso in Ihrem Haushalt, in Ihren Arbeitsräu-
men, mit Papieren und Werkzeug und Lebensmitteln? Jedes Ding hat
seinen Platz. Das haben Sie einmal so festgelegt. Und wenn Dinge in
Ihren Kreis treten, für die es noch keinen Platz gibt, so bestimmen Sie
einen dafür. Nur so behalten Sie die Übersicht. Nur so können Sie
Wichtiges von Unwichtigem unterscheiden.

Wenn es Ihnen zu schwer fällt,
Wichtiges und Unwichtiges
zu unterscheiden

Manchen Menschen fällt es einfach leicht, Wichtiges und Unwichtiges zu unterscheiden. Bei allem, was sie tun. Wenn sie sich in einer
neuen Stadt Schuhe kaufen, huschen sie durch das Geschäft, um festzustellen, an welcher Stelle »ihr Stil« angeboten wird. Finden sie
nichts Passendes, so haben sie fünf Minuten später den Laden wieder
verlassen. Ein Mensch mit Entscheidungsproblemen verbummelt

eine ganze Stunde, bis er zum selben Ergebnis gekommen ist. Er ist einfach immer wieder fasziniert von dem vielen Neuen, und er bleibt noch, auch wenn ihm sein Verstand sagt, dass er hier nichts Passendes finden wird.

Die Fähigkeit, Entscheidungen schnell und zielsicher zu fällen, kann man im Laufe der Jahre trainieren. Wer sich aber von vorneherein damit schwer tut – das sind vor allem Menschen mit einer Charakterdisposition zum Ordentlichen, also z.b. die »Vorsichtigen« und die »Kontrolleure« –, sollte sich das auch eingestehen. Viele Arbeitsblockaden rühren daher, dass ein wenig entscheidungsfreudiger Mensch eine Arbeitssituation bewältigen muss, die viele Entscheidungen von ihm verlangt.

> Ole Neumann hatte im Alter von dreißig Jahren von seinem Großvater eine große Druckerei geerbt. Zweihundert Angestellte arbeiteten mit einer Maschinerie, deren Anschaffungskosten vor Jahren mehrere Millionen betragen hatten. Ole selbst hatte keine betriebswirtschaftliche Ausbildung, sondern nur eine fachspezifische Ausbildung als Buchbinder und Drucker. Als daher die Aufträge zurückgingen und die Anschaffung einer neuen Generation von Druckmaschinen ins Haus stand, fühlte er sich mit der Aufgabe, zweistellige Millionenbeträge zu investieren, überfordert. Er beschloss, die Fabrik lieber zu verkaufen und den Erlös bei der Bank zu investieren. Jedoch hatte er selbst die Prozedur einer Firmenauflösung überschätzt. Das Erstellen eines Finanzierungsplans und eines Sozialplans raubte ihm manche Nacht den Schlaf. Ole musste nun pausenlos unterscheiden: Was tue ich? Was ist wichtig? Welches Risiko kann ich eingehen? Was kann ich dieser Familie zumuten? Wird jene Familie in den sozialen Abstieg sinken, wenn ich dem Vater die Kündigung schicke? Da er verantwortungsbewusst handelte, türmte sich die Masse der Entscheidungen zu unüberschaubarer Höhe vor ihm auf.
>
> Die Prozedur der Firmenabwicklung zog sich vom Beschluss des Verkaufs bis zur letzten Transaktion über drei Jahre hin. Danach beschloss Ole, sich auf derartige Geschäfte nicht wieder einzulassen. Er hatte erkannt, dass die Menge der zu treffenden Entscheidungen seine Fähigkeiten überstieg und dass er schließlich keine Lebensfreude mehr hatte. Stattdessen suchte er sich eine Tätigkeit, bei der er als Angestellter in den festen Arbeitsablauf einer anderen Firma eingebunden ist, und nutzte sein Erbe zur Altersvorsorge und in der Freizeit.

Diese Entscheidung ist insofern vorbildlich, als Ole Neumann im Einklang mit seinen Fähigkeiten und seiner Charakterdisposition handelte. Er gehört eher zu den »Kontrolleuren«, die sich in vorgefundenen Strukturen gut zurechtfinden, aber ungern aus einer chaotischen Situation eine neue, strukturierte Lage schaffen. Drei Jahre lang gegen sein inneres Grundtemperament handeln zu müssen, hatte ihn an den Rand der Erschöpfung gebracht. Er trug alle Symptome einer mittleren bis schweren Arbeitsstörung. Doch nachdem er wieder im Einklang mit seinem Wesen arbeitete, konnte er zufrieden stellend seinen Alltag bewältigen und sich in der Freizeit erfolgreich einer anspruchsvollen Sportkarriere widmen.

Es ist einfach eine Tatsache, dass manche Menschen das Wichtige schneller vom Unwichtigen unterscheiden können als andere.

Und darüber hinaus unterliegt jeder Mensch Schwankungen. Sie kennen es: Wenn Sie abends um elf eine Entscheidung treffen sollen (»Wohin fahren wir nun dieses Jahr im Urlaub? Was sollen wir buchen? Müssen wir auch diesen Prospekt noch durchschauen? Alle Zimmer mit Meerblick sehen gleich aus!«), kostet Sie das möglicherweise viel mehr Mühe, als wenn Sie es am nächsten Morgen ausgeruht und nach einem guten Frühstück bestimmen.

Ordnungsstrukturen können unterschiedlich erarbeitet werden

Jeder Mensch ist anders. Jede Arbeit ist anders. Jedes Projekt ist anders. Je weniger standardisiert eine Arbeit ist, desto unterschiedlicher wird ihr inneres Ordnungssystem ausfallen.

Wer größere Arbeiten allein angeht, hat nach kurzer Zeit meist eine feste Vorstellung davon, wie er seinen Stoff ordnet und der Reihe nach abarbeitet. Das ist sein persönliches Ordnungssystem. Mit ihm entscheidet er, was wichtig und was unwichtig ist. Studenten entwickeln spätestens beim Schreiben ihrer Examensarbeit ein solches Ordnungssystem. Manager brauchen es, um den Überblick über ihre Projekte zu behalten. Makler und Hausverwalter haben ihr eigenes System, Lehrer ebenso. Und manch einer fragt sich: Welches Ordnungssystem ist nun das beste, um Wichtiges von Unwichtigem zu unterscheiden?

> Von dem peruanischen Schriftsteller Mario Vargas Llosa wollte ich gern wissen, wie er es fertig gebracht hätte, die enorme Stoffmenge zu ordnen, die er in seinem Roman *Das Fest des Ziegenbocks* wie von selbst abspult. Ich hatte erwartet, er würde mir nun erzählen, wie er alle erreichbaren Bücher zum Thema gelesen und aus diesen Exzerpte hergestellt hatte. Ich dachte, ich erführe, ob er Notizen in Zettelkästen oder im Computer ordnet. Ich hätte wissen wollen, wie er die Tonbänder seiner Interviews und die Tonbandabschriften archiviert, wie er historische Dokumente und deren Kopien in ein System eingearbeitet und wie er sich dann Handlungsstränge notiert hatte.

> Aber seine Antwort fiel ganz anders aus. »Zuerst hatte ich eine vage Vorstellung«, sagte er. »Ich wollte unbedingt eine Frau als Protagonistin haben. Es sollte eine moderne, selbstbewusste Frau sein. Und dann wollte ich als Zweites die Biografien der Attentäter verfolgen. Und als Drittes wollte ich den Diktator selbst auftreten lassen, denn ich hatte schon einmal einen Roman über einen Diktator geschrieben, in dem der Diktator selbst aber nicht auftrat. Ja, und dann fängt man an zu arbeiten. Man liest und liest, man schreibt und schreibt, bis eine Art Struktur entsteht. Dann schreibt man weiter, verwirft, schreibt neu, wirft ganze Kapitel wieder in den Papierkorb. Und irgendwann ist dann die Struktur da, die man haben will und die für den Stoff richtig ist.«

Mario Vargas Llosa schildert hier die erste und wichtigste Arbeit, die ein Schriftsteller zu entscheiden hat: Er ordnet die großen Linien seiner Erzählung. Er fragt sich: Um wen geht es? Wer sind meine Hauptpersonen? Welche Typen wähle ich aus? Wo spielt die Geschichte? Was ist mein Hauptanliegen?

Das *Fest des Ziegenbocks* ist Vargas Llosas sechzehnter Roman. Das heißt: Wie er nach dem Festlegen der Hauptrichtung dann weiter vorgeht, ist für ihn eine reine Frage der Routine. Vargas Llosa ist als unermüdlicher und fleißiger Arbeiter bekannt. Für *Das Fest des Ziegenbocks* war er monatelang in der Dominikanischen Republik, führte Gespräche, besuchte Interviewpartner, schrieb auf, was er erfahren hatte, und ordnete die Informationen, wie ein Journalist, in seinen Metaplan ein. Er suchte die Schauplätze der historischen Handlung auf, die er schildert, und ergänzte das, was nicht mehr zu recherchieren war, wie ein literarischer Restaurator durch Erfundenes, das so genau dazupasste, als sei die gesamte Erzählung von ihm gefunden worden.

Wie er allerdings »liest und liest, schreibt und schreibt, bis eine Art Struktur entsteht«, das verriet er mir nicht. Vermutlich ist es ihm nicht einmal bewusst. Es ist seine tagtägliche Arbeit: Lesen, auf Fragen stoßen, Antworten finden, eine Idee komplettieren und allmählich daraus ein Manuskript schreiben.

Schreiben ist für ihn einerseits Handwerk: handwerkliche Bewältigung des Stoffes, den er sich vorgenommen hat. Darüber hinaus schafft er aber ein Kunstwerk. Das heißt: Er muss auch sehen, ob der Redefluss und Erzählfluss stimmig ist. Er muss darauf achten, dass er all jene literarischen Regeln, die er seit Jahrzehnten wie selbstverständlich befolgt, auch in diesem Werk angewendet hat.

Das sind bei einem so großen Werk, wie sie Vargas Llosas Romane darstellen, sehr viele verschiedene Anforderungen.

Er kann ihnen allen nur gerecht werden, indem er einige von ihnen quasi automatisch erledigt. Große Jets fliegen mit Autopilot. Ähnlich überlässt Vargas Llosa sich über weite Strecken dem literarischen »Autopilot«, der die ästhetische Qualität »automatisch« überwacht. So kann er sich in seinen bewussten Entscheidungen darauf konzentrieren, dass der Plot stimmt, die Spannungskurve über Hunderte von Seiten kontinuierlich ansteigt und die vielen einzelnen Informationen, die er aus den Interviews und Zeitungsrecherchen hat, an den richtigen Stellen in den Roman einfließen.

Ist all dies so gelungen wie im *Fest des Ziegenbocks*, so sind alle Ordnungsebenen sauber durchstrukturiert. Der Leser merkt möglicherweise gar nichts davon. Er lässt sich nur von der Spannung ergreifen und liest das Buch in einer Nacht durch.

Auch der amerikanische Schriftsteller Louis Begley schilderte mir nur das oberste Ordnungsprinzip, als ich ihn fragte, wie er seine Romane aufbaut.

»Ich gehe von einer bestimmten Ausgangssituation aus«, erläuterte er, »von einer Person, die sich in einer charakteristischen Weise äußert – die also eine charakteristische Stimme hat –, und die sich in einer bestimmten Lage befindet. Und dann habe ich das Ziel, an das die Geschichte irgendwie gelangen soll. Was aber dazwischenliegt, lasse ich mir beim Schreiben selbst einfallen, obwohl ich mir über manches von Anfang an im Klaren bin. Die meisten Einfälle kommen mir also während des Schreibens. Häufig habe ich auch welche, während ich ins Büro gehe. Ich trage das Buch eigentlich immer mit mir gedanklich herum. Wenn ich an einem Roman arbeite – und das ist ja immer nur in den wenigen freien Stunden möglich, in denen ich nicht als Anwalt eingespannt bin –, dann schweifen meine Gedanken zu dem Buch, wo immer ich gehe und stehe. Ich habe keine festen Arbeitsstunden und keinen festen Ort, an dem ich arbeite, sondern wenn ich eine freie Minute habe, klappe ich meinen Laptop auf und schreibe weiter.«

Auch bei Louis Begley übernimmt also der »literarische Autopilot« viele Einzelentscheidungen. Louis Begley schult sich im tagtäglichen Umgang mit dem Wort nicht nur als Autor, sondern auch als Anwalt, der Formulierungen im Wortsinn auf die Goldwaage legt. Sein überragendes Erzähltalent, eben jenes künstlerische Element, das man auch mit den größten Anstrengungen nicht erzwingen kann, bedient sich dann wie selbstverständlich dieser Strukturen.

»Genie ist zehn Prozent Begabung und neunzig Prozent Fleiß«, hat der berühmte Pianist Wilhelm Kempff einmal gesagt.

Vermutlich entwickelt jeder Künstler feste Gewohnheiten und eine gewisse innere Struktur, die er oft nicht einmal als solche empfindet und wahrnimmt. Er beginnt einfach mit der Arbeit – und dann nimmt das Werk scheinbar von selbst seinen Lauf. Vielleicht ist es auch ein Teil des Geheimnisses künstlerischer Inspiration, dass die Strukturen sich bei jedem Künstler ganz individuell herausbilden.

Tatsache ist: Sie existieren.

Es gibt also sehr viele verschiedene Möglichkeiten, wichtig von unwichtig in einem Projekt zu trennen. Jeder wählt die Methode, die ihm am besten liegt.

Auch ein Artist darf mit jedem Gegenstand jonglieren, der ihm in die Finger kommt. Solange alles in der Luft bleibt, solange geht alles.

Das Wichtigste zuerst!

Bei schweren Arbeitsblockaden ist oft jedes Gefühl für wichtig und unwichtig verloren gegangen.

Der Bestattungsunternehmer Wilfried Klisch litt an dem »Messie«-Syndrom. Nach außen hin stets der perfekte Geschäftsmann, der nie anders als im schwarzen Maßanzug und makellos gebügelten Hemd im Mercedes vorfuhr, begann gleich hinter seiner Wohnungstür eine ganz andere Welt, zu der er niemandem Zutritt gewährte: Bereits im Flur türmten sich alle Druckschriften, die er im Verlauf des vergangenen Jahres erhalten und nie an einen festen Ort geräumt hatte. Obenauf standen leergegessene Teller mit Krümeln verzehrter Mahlzeiten, Gläser mit festgeklebten Getränkeresten und leere bis halb leere Mineralwasserflaschen. Nur eine schmale Gasse erlaubte das Durchkommen. Die Treppe zum Obergeschoss stand voller Kisten, in denen sich Bücher, Zeitungsausschnitte, Zeitungen, Zeitschriften und Geschenke türmten, häufig noch in Geschenkpapier verpackt. Der Korridor war mit Inseln bedeckt. Eine Insel war ein respektabler Berg mit schmutziger Wäsche, eine zweite Insel wieder Stapel von Büchern, die, offenbar bereits seit Jahren, dort einfach »angekommen« und liegen gelassen worden waren. Eine dritte Insel war gewaschene und getrocknete, aber nicht in Schränke geräumte Wäsche. – Das Badezimmer begann allmählich, an eine Tropfsteinhöhle zu erinnern: Kalkablagerungen bedeckten die Kacheln an den Wänden, den Boden der Badewanne sowie Waschbecken und Spiegel. Müll lag überall: leere Toilettenpapierrollen, gebrauchte Handtücher, einmal verwendete Zahnbürsten. Aus hygienischen Gründen benutzte Wilfried jede Zahnbürste nur einmal, »kam« aber anschließend »nicht dazu«, sie wegzuwerfen. Immer wieder versuchte er ernsthaft, seinen Haushalt so weit in Ordnung zu bringen, dass er eine Reinigungskraft hineinlassen konnte. Aber er schaffte es nicht.

Es war ein Teufelskreis geworden. Wilfried Klisch ließ nach wie vor niemanden in seine Wohnung. Auch vor einer Reinigungskraft wollte er sich nicht blamieren. So musste er also seine Wohnung selbst reinigen, was ihm aber nicht gelang. Er trat dann jedoch einer »Messie«-Selbsthilfegruppe bei und schilderte dort anonym sein Problem. Gemeinsam versuchte die Gruppe, ihm behilflich zu sein. In Gedanken gingen alle miteinander von Raum zu Raum. Dann stellte Wilfried eine Liste derjenigen Dinge auf, die er erledigen musste. Da stand untereinander:

- Wäsche waschen
- Wäsche bügeln
- Arbeitszimmer aufräumen
- Badezimmer putzen
- Treppe leer räumen
- Schlafzimmer entmüllen
- zur Reinigung gehen

Es waren sehr unterschiedliche Dinge. Dann musste Wilfried festlegen, was für ihn am allerwichtigsten war. Ohne Zögern setze er eine Eins vor »Badezimmer putzen«. Er wusste also innerlich, was das Wichtigste war, konnte nur nicht allein zu seiner Entscheidung stehen. Die Anwesenheit der Gruppenmitglieder stärkte seine »richtige innere Stimme«. Und so fing er am ersten Tag an, das Bad zu putzen. Er räumte den Müll weg, kaufte einen neuen Toilettenpapierhalter, stapelte die Toilettenpapierrollen in einem neuen, eigens angeschafften Badezimmerschrank, besorgte sich einen großen Mülleimer, in den er nach jedem Zähneputzen die verbrauchten Zahnbürsten warf, und reinigte die Spiegel. Die verkalkten Wandfliesen wollte er der eines Tages einzustellenden Reinigungskraft überlassen.

Prioritätenliste

Diese Ordnungsmethode heißt »Prioritätenliste erstellen«. Zuerst sammelt man alles, was überhaupt getan werden muss, indem man es untereinander auf ein Blatt Papier schreibt. Die Tätigkeit mit der größten Dringlichkeit, also der höchsten Priorität, wird an die erste Stelle gerückt. Als Nächstes werden Platz zwei bis fünf vergeben. Und dann geht die Arbeit sofort los.

Im Haus ist diese Methode besonders anschaulich. Sie lässt sich jedoch auf ausnahmslos jede Arbeit übertragen.

Menschen mit einer guten Arbeitsstruktur tragen ihre Prioritätenliste immer im Kopf herum.

Aber mitunter sind es zu viele verschiedene Arbeitsgänge. Manager haben digitalisierte *organizors*, die ihre Sekretärinnen führen. Oft sagen ihnen die Sekretärinnen auch, was sie als Nächstes auf ihrer Prioritätenliste stehen haben. Wenn sich jemand schwer tut, selbst Entscheidungen zu fällen, kann das sehr nützlich sein, die Entscheidung einfach auf eine andere Person auszulagern.

Und immer heißt es, wenn wir unsere Projekte in die Tat umsetzen wollen: »Das Wichtigste zuerst!«

➤ Genießen Sie das *worker's high*, die Erfolgs- und Glücksgefühle, wenn Sie schnell Ihre Prioritätenliste abarbeiten und im Nu sichtbare Resultate erzielen!

Unwichtiges delegieren

Die Sozialarbeiterin Susanne Paul hatte einen völlig zusammengebrochenen Haushalt zu betreuen. Ihr Hausbesuch erbrachte folgendes Resultat:

Charlotte Fromme arbeitet auf einer vollen Stelle und betreut abends noch Kunden in ihrem Nebenjob als Versicherungsagentin. Sie bewohnt ein Haus mit zweihundert Quadratmetern Wohnfläche, zu dem ein entsprechend großer Garten gehört. Ihre Kinder gehen beide aufs Gymnasium, der Mann leistet auch eine Sechzig-Stunden-Woche. Charlotte war verzweifelt darüber, dass sie ihren Haushalt vernachlässigte – ihr Mann wurde auch nicht müde, sie darauf hinzuweisen. Sie konnte mit den anstehenden Arbeiten in Beruf, Familie, Haushalt und Garten einfach nicht Schritt halten.

Praxis-Tipp

Zeit-Arbeits-Vergleich

Susanne Paul verglich die zur Verfügung stehende Zeit mit der Menge der anstehenden Aufgaben, und schon ein erster Blick genügte, um festzustellen, dass Charlotte Fromme diese Arbeitslast unmöglich allein bewältigen konnte. Die Einstellung einer Putz- und Haushaltshilfe war unumgänglich.

Hier konnte eine Prioritätenliste Charlotte selbst nicht mehr helfen. Sie diente aber als Arbeitsleitlinie für die nun eingestellte Putzhilfe.

Oft tun sich Frauen besonders schwer mit dem Delegieren. Sie wollen das dafür erforderliche Geld lieber sparen und bürden sich stattdessen die Mehrarbeit auf. Schuldgefühle suggerieren ihnen, sie hätten ohnehin nicht genug geleistet. Sie gönnen sich ungern Pausen. Und sie sind dann auch empfänglich für abwertende Einschätzungen wie die von Charlottes Ehemann.

➤ Vergleichen Sie die Menge Ihrer anstehenden Aufgaben mit der zur Verfügung stehenden Zeit. Wie viele Stunden müsste Ihr Arbeitstag haben?

☐ 10?   ☐ 20?   ☐ 30?
☐ 15?   ☐ 25?

➤ Wie viel Entlastungshilfe brauchen Sie, damit Sie das Wichtigste erledigen können?

Machen Sie immer nur eine Sache zur Zeit

Kennen Sie diese Situation aus Ihrer Arbeit? Sie haben am Morgen Ihre Prioritätenliste aufgestellt, fangen mit den besten Vorsätzen an, Nummer eins abzuarbeiten. Doch ehe Sie sich's versehen, steht – wie von selbst – eine Stunde später eine Konferenz auf der Tagesordnung oder ein wichtiger Geschäftspartner will Sie sprechen oder eine andere Störung bringt Sie wieder aus dem Tritt.

Bei manchen Berufen sind solche Störungen tatsächlich unvermeidlich. Manchen Menschen machen sie nichts aus.

Aber viele Menschen gestatten solch störenden Ereignissen, sie aus ihrer Konzentration herauszureißen. »Siehst du«, sagen sie dann vorwurfsvoll, »ich wollte mich ja konzentrieren, aber es geht in meinem Job nicht.«

➤ Nun ist ganz wichtig, dass Sie dieser Störung keinerlei Raum geben, sofern Ihre Arbeit das zulässt. (Ansonsten lesen Sie weiter unter »Wenn Gestörtwerden zu Ihrem Beruf gehört«.) Sie haben Ihre Priorität festgelegt und Sie haben diese Arbeit jetzt zu erledigen. Wenn Sie mit Personal oder Kollegen arbeiten, lassen Sie keine Anrufe und keine Nachrichten zu sich durchstellen. Wenn Sie allein arbeiten, schalten Sie Ihren Anrufbeantworter ein und öffnen Sie nicht die Tür.

Wenn aber die Störung aus Ihnen selbst kommt (»Ich müsste jetzt unbedingt ... machen«), notieren Sie sich diesen Aspekt (unten!) auf Ihrer Prioritätenliste und arbeiten Sie ihn später ab.

Erst in einer solchen störungsfreien Atmosphäre erfahren manche Menschen zum ersten Mal, wie effizient sie arbeiten können.

Auf die Dauer lernen sie, sich von Störungen abzuschirmen und immer nur an einem einzigen Projekt zur Zeit zu arbeiten.

➤ Steigern Sie die Länge der störungsfreien Zeit allmählich. Beginnen Sie mit zwanzig Minuten und gestatten Sie dann einen Anruf, eine Mail, einen Brief, einen anderen Vorgang. Muten Sie sich zu Anfang nicht allzu viel zu.

Wenn Gestörtwerden
zu Ihrem Beruf gehört

In manchen Berufen ist es aber nicht möglich, sich vollkommen abzuschirmen, weil die Erreichbarkeit ein Teil des Berufs ist. Wer etwa
an einem Postschalter mit Publikumsverkehr arbeitet, kann sich nicht
plötzlich zurückziehen und seine eigene Liste abarbeiten.

➤ In diesem Fall kann es hilfreich sein, morgens die erste halbe Stunde über nur das Wichtigste zu erledigen.

Auch wer einem Vorgesetzten zuarbeitet, kann, wenn dieser einem eine Aufgabe überträgt, nicht plötzlich mit gespitzter Oberlip-
pe auf seine Liste verweisen und argumentieren: »Tut mir Leid,
Chef, ich kann mich leider von Ihren Aufgaben nicht aus dem Kon-
zept bringen lassen, denn ich muss jetzt erst mal meine Prioritätenliste abarbeiten.«

Was tun in diesem Fall?

➤ Versuchen Sie's mit einem freundlichen »Ja, das tue ich gern. Ist es
Ihnen recht, wenn ich nur vorher diese Aufgabe beende, an der ich
gerade sitze? Das dauert noch eine Stunde, und dann widme ich
mich Ihrer Aufgabe.« Mit einer solchen Antwort geben Sie Ihrem
Chef Einblick in das, was Sie tun. Gleichzeitig merkt er, dass Sie
seine Aufgabe ernst nehmen und umgehend erledigen werden.
Dazu hat er Sie schließlich eingestellt.

➤ Oder sagen Sie: »Selbstverständlich erledige ich das. Ich kann es
sofort tun, wenn Sie möchten. Allerdings wäre es vielleicht besser, wenn ich mich bis morgen noch der Aufgabe widmen könnte, die ich gerade tue. Das ist eine Terminsache, und der Kunde
erwartet, dass ich sie morgen fertig habe.« Jeder Vorgesetzte wird
Verständnis zeigen, wenn Sie Ihr Zögern begründen. Manche
Menschen mit Arbeitsblockaden wagen aber nicht, ihrem Chef in
irgendeiner Weise zu widersprechen. Schon bei der Auftragser-
teilung wissen sie, dass sie die Sache eigentlich nicht schaffen

können, weil sie noch so vieles andere zu tun haben. Trotzdem nicken sie und erwecken den Eindruck, sie könnten alle Aufträge fristgerecht erledigen.

Versuchen Sie, ein einziges Mal mit Ihrem Timing vor der Zeit zu liegen. Sie werden feststellen, dass Sie dann mehr erleben als nur einen fristgerecht erledigten Auftrag. Sie erfahren eine neue innere Ruhe. Sie erfahren, wie es ist, nicht gehetzt zu sein und kein schlechtes Gewissen zu haben, weil Sie eigentlich noch viel mehr schaffen müssten. Und Sie werden feststellen, dass Sie dabei viel besser aussehen! Chef, Kollegen, Kunden und Mitarbeiter werden sich verblüfft nach Ihnen umdrehen, und Sie können zusehen, wie sie denken: »Was ist denn mit dem/der los? Der/Die ist ja heute sehr gut drauf.« Und Sie selbst denken vielleicht nur: »Wieso? So bin ich doch eigentlich immer!«

Auf einen Blick:
Wie Sie das Wichtigste tun

➤ Spüren Sie die Freude dabei, wenn Sie schnell Entscheidungen treffen.

➤ Haben Sie Mut, Ihre Autorität zu gebrauchen, um überflüssige Diskussionen zu beenden.

➤ Bestimmen Sie bewusst: Ich fange jetzt an. Ich nehme dies. Ich lasse jenes weg. Ich formuliere dies so. Ich werde jenes sagen. Ich fahre dorthin. Ich tue dieses. Ich nehme mir jenes Projekt vor und das Zieldatum ist ...

➤ Ihre verschiedenen Aufgaben haben unterschiedliches Gewicht. Denken Sie immer wieder daran. Geben Sie ihnen dieses unterschiedliche Gewicht.

➤ Führen Sie täglich Ihre Prioritätenliste. Gewöhnen Sie sich daran aufzuschreiben, was für Sie das Wichtigste ist.

➤ Verankern Sie in sich das Prinzip »Das Wichtigste zuerst«. Wo brennt es? Wo gefährden Sie Ihre berufliche Existenz, wenn Sie »es« weiter schleifen lassen?

➤ Auf die Dauer brauchen Sie Ihre Prioritätenliste nicht immer aufzuschreiben. Auch eine erfahrene Hausfrau arbeitet nur noch selten mit aufgeschriebenen Kochrezepten. Wichtig ist das »Rezept im Kopf«: der Fokus in Ihrem Bewusstsein.

➤ Lassen Sie Unwichtiges liegen. Wenn Sie zu Hause arbeiten und die Spinnweben in Ihrem Gästebad fallen Ihnen just dann auf, wenn Sie Ihre Umsatzsteuererklärung abgeben müssen, lassen Sie die Spinnen leben und ihre Netze hängen.

➤ Fassen Sie sich kurz. Wenn Sie pro Tag nebenbei noch viele E-Mails bekommen, trainieren Sie, in einem Satz das Wichtigste zu beantworten.

➤ Wie bei jedem Training werden Sie im Laufe der Zeit sicherer und routinierter darin, sich kurz zu fassen, ohne unhöflich zu werden.

➤ Beachten Sie, dass Sie zu manchen Tageszeiten wichtig/unwichtig und Sinn/Unsinn klarer unterscheiden können als zu anderen. Nutzen Sie solche Zeiten besonders intensiv für Ihre Arbeit. Plagen Sie sich zu fortgeschrittener Nachtstunde nicht mit Fragen, die schnelle Entscheidungen von Ihnen fordern.

➤ Wenn Sie schnell Entscheidungen treffen (»Das nehme ich, das dagegen nicht.« »So mache ich das, so nicht.«), spüren Sie auch, wie stark Sie einzelne Arbeitsgänge verkürzen können. Haben Sie keine Angst davor. Packen Sie dann gleich das Nächste an.

➤ Je schneller Sie entscheiden, was für Sie wichtig ist, desto mehr Arbeit können Sie in derselben Zeit bewältigen. Sie werden spüren, wie Ihre Arbeitsberge dadurch schrumpfen.

➤ Drücken Sie sich einfach aus.

➤ Steigern Sie Ihr Entscheidungstempo allmählich.

➤ Genießen Sie das Gefühl, wenn Sie schnell viele Entscheidungen treffen und viele wichtige Arbeiten hintereinander erledigen konnten.

Planen Sie
den Arbeitsablauf

Andrea Klimmeck ist eine gesellige Frau. Sie liebt es, den Tag über kleine, humorvolle Wortwechsel einzugehen. Sie arbeitet eigentlich gern. Das Schlimmste ist jedoch für sie, wie sie es nennt, »Isolationshaft bei der Arbeit«.

Wenn sie Aufgaben zu erledigen hat, bei denen sie von morgens bis abends allein zu Hause am Schreibtisch sitzen müsste, überkommt sie leicht ein Gefühl von Sinnlosigkeit und Leere. Dann gerät ihre Arbeit aus dem Rhythmus, sie bekommt nicht genug fertig, und sie hat keine Erfolgserlebnisse.

Als sie daher in der Schlussphase ihres Studiums viel in Bibliotheken arbeiten musste, richtete sie es so ein, dass sie stets morgens um 9.30 h in der Universitäts- oder Seminarbibliothek saß. Da traf sie dann häufig dieselben Leute, und wenn man sich auch nur durch Kopfnicken oder durch bloßes Wiedererkennen begrüßte, so hatte sie doch das Gefühl, viele Leidensgefährten zu haben. Wenn dann alle schweigend nebeneinander saßen und auf ihren Laptops vor sich hin klapperten, umgab sie das wohlige Gefühl einer anregenden, konzentrierten Arbeitsatmosphäre.

Mittags ging sie genau um ein Uhr in die Mensa und setzte sich immer in dieselbe Ecke. Dort traf sie immer irgendjemanden aus einer Gruppe Juristen, die ebenfalls an ihrem Abschluss arbeiteten. Beim gemeinsamen Mittagessen erfuhr sie Neuigkeiten aus deren Stationen und bekam so Einblicke in einen anderen Beruf, traf Bekannte und berichtete von ihrem Arbeitsfortschritt.

Nachmittags arbeitete sie weiter in der Bibliothek. Zum Abendessen verabredete sie sich alle zwei Tage mit verschiedenen Freunden. Man kochte entweder bei dem einen oder bei dem anderen, und so kam sie trotz der stummen Arbeit in der Bibliothek kommunikativ auf ihre Kosten. Sie hatte sich also einen Arbeitsablauf geschaffen, der die isolierte Arbeit erträglicher machte.

Danach begann sie, als Redakteurin bei einer Tageszeitung zu arbeiten. Seitdem ist ihr der Tagesrhythmus durch den Arbeitsablauf diktiert. Der Frühdienst in der Nachrichtenredaktion beginnt um halb zehn mit dem Vorsortieren der Meldungen und der Grobplanung der Seite eins. Um zehn Uhr ist die Redaktionssitzung, auf der die Seiten des kommenden

Tages besprochen werden, Reportageaufträge erteilt und Kommentarthemen besprochen und verteilt werden. Nach dem Mittagessen in der Kantine bearbeitet sie im Team Meldungen und plant, wie größere Ereignisse aufgenommen, kommentiert und mit Hintergrundinformationen versehen werden.

Um achtzehn Uhr ist schließlich Redaktionsschluss. Bis dahin müssen alle Meldungen in der Endfassung ins Layout auf dem Bildschirm eingegeben sein. Der Chef vom Dienst hat alles Korrektur gegengelesen, und nun ist ihre Arbeit an der Zeitung von morgen fast beendet. Sie bleibt noch bis 19 Uhr in der Redaktion, falls letzte Meldungen eintreffen, die noch auf die Seite eins genommen werden müssen. Um acht Uhr ist sie zu Hause, kann sich ins Kino oder Theater verabreden und den Feierabend genießen.

Auf diese Weise hat Andrea Klimmeck eine ihrer Schwächen gut in den Griff bekommen: Sie kann ihren Arbeitstag nämlich nicht gut frei gestalten. Ist sie jedoch gezwungen, alle paar Stunden einen Termin zu halten, und trifft sie bei der Arbeit immer wieder Kollegen, mit denen sie gut zusammenarbeiten kann, arbeitet sie mit Freude, Energie und ausgezeichneten Ergebnissen.

In diesem Kapitel geht es darum, die Struktur Ihrer Planungsarbeit zu optimieren. Sie haben bestimmt, was Ihr Projekt ist, Sie haben den Anfang gefunden, und nun geht es an den realen Einstieg.

Test: Wie gut planen Sie Ihren Arbeitsablauf?

	1 stimmt genau	2 stimmt oft	3 stimmt manchmal	4 stimmt selten	5 stimmt gar nicht
Wenn ich eine Arbeit beginne, weiß ich noch nicht, wie ich zum Ende gelangen werde.				X	
Ich arbeite nie genau so viel, wie ich muss, sondern meistens etwas mehr.			X		

	1 stimmt genau	2 stimmt oft	3 stimmt manch-mal	4 stimmt selten	5 stimmt gar nicht
Wenn ich bei der Arbeit bin, merke ich schon nach und nach, was ich zu tun habe.					X
In meiner Arbeit kommt nicht viel vor, was ich planen kann. Ich muss vor allem gut reagieren können.					X
Bei mir dauert die Arbeit meistens länger, als ich vorher gedacht habe.			X		
Ich vertrödele keine Zeit damit, mir vor Arbeitsbeginn alle Sachen zusammenzusuchen. Die kann ich während der Arbeit noch holen.				X	
An die Arbeit mit dem Computer kann ich mich einfach nicht gewöhnen.					X
Bei mir geht die Arbeit tagsüber ziemlich durcheinander.				X	
Wir haben so viele Besprechungen, Telefonate, Besorgungen, Fahrten und Schriftsätze durcheinander zu erledigen, dass ich manchmal ganz schwindelig werde.		X			
An meinem Arbeitstag laufen eigentlich nur zwei Dinge nach Plan: der Arbeitsanfang und der Feierabend.					X
Ihre Punktzahl:		2	6	12	20

40

Zählen Sie Ihre Punkte zusammen. Wenn Sie weniger als 20 Punkte haben, können Sie die Planung Ihres Arbeitsablaufs noch verbessern und sollten das folgende Kapitel aufmerksam lesen.

Beinahe jeder Arbeit haftet auch etwas Handwerkliches an. Und aus der Organisation von Handwerksarbeit kann man viele nützliche Arbeitstechniken übernehmen, die sich insgesamt zu einer festen Arbeitsstruktur verdichten.

Benennen Sie
Ihre Aufgabe

Für einen Handwerker ist das einfach. »Beseitigen Sie die undichte Stelle im Warmwasserrohr« heißt sein Auftrag oder »Lackieren Sie diese Tür«. Genauso anschaulich lässt sich jedoch auch jede andere Aufgabe definieren. Aufgaben sind kleinere Abschnitte unserer Projekte.

»Tun Sie dies ...« oder »Verändern Sie jenes ...« lauten die an Sie gestellten Aufgaben. Sie können am Tag Hunderte von Aufgaben bewältigen. Das hängt zum einen davon ab, wie Sie die Aufgaben definieren, und zum anderen davon, wie schnell Sie sind.

Irmtraud Guhe arbeitet als Grafikerin für verschiedene Verlage. Diesmal ist ihr Auftrag, ein Buch aus der Frühjahrsproduktion zu illustrieren. Dazu fertigt sie so genannte Scribbles an, das sind Skizzen, in denen ihr Auftraggeber eine Vorstellung vom Stil, der Seitenaufteilung und den gezeichneten Typen bekommt. Erst wenn beide Seiten sich darüber einig sind, macht sie sich an die feine Ausarbeitung.
Es wäre falsch, wenn sie schon zum ersten Termin alle Seiten bis ins Letzte ausgearbeitet hätte. Diese Seiten könnte sie nicht mehr korrigieren, sondern nur neu zeichnen. Dann würde sie für ihr Projekt zu viel Zeit benötigen. So aber diskutiert sie mit ihrer Lektorin einen Entwurf und kann auch schnell eine neue Idee dazustricheln, über die man spricht.

Wie die Grafikerin Irmtraud Guhe arbeiten viele erfolgreiche Menschen. Sie machen erst einen Entwurf. Im Entwurf tasten sie die Arbeit schon einmal bis zum Ende ab und bekommen so eine genaue Vorstellung davon, wie sie werden soll.

Weil sie flexibel ist, kann sie sich auch auf neue Ideen ihrer Lektorin einstellen. Wenn sie ihre Vorstellung skizziert, wissen beide Seiten, auf was sie sich einzustellen haben.

Viele Menschen, die ihre Projekte nicht fertig stellen können, fangen eine Arbeit an, ohne vorher das Ziel genau ins Auge zu fassen. Sie arbeiten erst einmal drauflos in der Hoffnung, sich irgendwie an ihr Thema heranzurobben. Sie bestimmen nicht, was genau erledigt werden soll. Und da sie ihre Arbeit nicht richtig planen, haben sie von vornherein ein schlechtes Gewissen. Von diesem schlechten Gewissen getrieben, arbeiten sie sehr viel – doch noch immer ohne genaue Zielangabe im Visier, und sie schießen folglich oft sehr weit übers Ziel hinaus oder aber daran vorbei.

Wenn die Aufgabe lautet »Installieren Sie die in Skizze beigefügte Elektroanlage auf der Baustelle Z«, ist das Ziel klar. Sie ist anschaulich. Man hat bereits beim Lesen der Aufgabenstellung ein Bild davon im Kopf, was hinterher anders sein wird.

➤ Bei vielen Aufgaben kann man sich schwer bildlich vorstellen, wie das Ergebnis aussehen soll. Genau das müssen Sie aber tun, bevor Sie den ersten Federstrich tun, das erste Buch lesen, die erste Zeile zu Papier bringen, den Computer hochfahren oder das erste Gramm Farbe anrühren.

Machen Sie einen Entwurf

➤ Benennen Sie Ihre Aufgabe, bevor Sie mit der Arbeit beginnen, so präzise, dass Sie das fertige Werk bereits vor Augen haben.

Mein nächstes Projekt heißt _____

➤ Stellen Sie sich vor, wie das fertige Projekt vor Ihnen liegt.
➤ Grenzen Sie Ihre Aufgabenstellung so ein, dass Sie nicht zu viel Zeit damit vergeuden.

Die drei Hauptaufgaben lauten: _____

_____

_____

➤ Notieren Sie alle Vorgaben Ihrer Aufgabe: Welche Zeit-, Umfangs- oder Mengenangaben müssen Sie berücksichtigen?

_____

➤ Was genau ist zu erledigen? _____

➤ Wie wird Ihre Aufgabe in den nächstgrößeren Arbeitszusammenhang passen?

_____

Know the problem sagt man in Amerika: Erkennen Sie die Fragestellung. Bleiben Sie nahe am Problem und lösen Sie nur die Aufgaben, die zu Ihrem Projekt gehören.

Richten Sie Ihre »Baustelle« ein
(Arbeitsvorbereitung)

Panisches Drauflosarbeiten ist verbreiteter, als man denkt.

> Nachdem der Student Lorenz Kuhlmann seine Literaturliste für die Examensarbeit aufgestellt hatte, dachte er nur noch: »Ich muss arbeiten, ich muss arbeiten ...«, und begann zu lesen, als sei der Teufel hinter ihm her. Er wollte ja arbeiten, und er wollte seine Aufgabe sehr gut lösen.
>
> Er versäumte allerdings, sich schon beim Lesen Notizen zu machen. Als er zehn Aufsätze durchstudiert hatte, wusste er nicht mehr, ob das Argument A in Aufsatz 1, 2 oder 3 gestanden hatte. Also musste er alles noch einmal überlesen, was ihn viel Zeit kostete.

Auch geistige Arbeit erfordert, was jedem Handwerker geläufig ist: das so genannte Einrichten der Baustelle.

Stellen Sie sich vor, die Aufgabe lautet an einen Maurer: »Ziehen Sie eine Zwischenwand unter dem Fensterbrett und verbinden Sie die mit der Außenmauer.« Das Erste, was ein Handwerker nach Abschluss der Planungsarbeit macht, ist, sein gesamtes Material zusammenzusuchen.

Er geht einkaufen: Mörtel, Backsteine, Ytongplatten, Betonkleber, Stahlarmierungen, extra lange Schrauben, mit denen beide Wände zusammengehalten werden, Beton in ausreichender Menge. Hat er all dieses Material beisammen, richtet er die Baustelle ein: Er deckt ab, was nicht beschädigt oder beschmutzt werden darf, er legt Eimer, Wasser, ein Gerät zum Umrühren, eine Kelle, Verlängerungskabel, eine Schubkarre, eine Bohrmaschine mit den passenden Bohrern und passende Dübel und Schrauben bereit.

Das nennt man das »Einrichten der Baustelle«. Der Handwerker beginnt nicht mit der Arbeit, bevor er nicht alle Arbeitsgänge (mindestens) des ersten Tages im Kopf vorweggenommen und das erforderliche Material und Werkzeug zurechtgelegt hat. Nur so kann er anschließend ohne Unterbrechung arbeiten.

Was Handwerker vom ersten Tag ihrer Ausbildung an lernen, bis es ihnen in Fleisch und Blut übergeht, setzt man bei vielen anderen Tätigkeiten als bekannt voraus. Zu Unrecht.

Auch ein Rechtsanwalt, der seinen Schriftsatz vorbereitet, muss in diesem Sinne die »Baustelle einrichten«. Er benötigt die Akte, das Diktiergerät, die aktuelle Aufgabenstellung, zu der sein Schriftsatz angefertigt werden soll, eventuell etwas zu trinken und eine ungestörte Zeitspanne. Vor allem braucht er eine genaue Vorstellung vom Ziel der Arbeit sowie ein Zeitlimit – den »Bauplan«.

> Rechtsanwalt Tom Becker hat ein laufendes Verfahren übernommen und muss innerhalb von 48 Stunden eine begründete Beschwerde gegen einen Entscheid bei Gericht einreichen. Dazu muss er zunächst die Gerichtsakte studieren und sich mit dem gesamten bislang geführten Schriftwechsel vertraut machen. Seine Aufgabe besteht darin, aus etwa tausend Seiten Aktenmaterial insofern das Wichtige vom Unwichtigen zu trennen. Als Arbeitsvorbereitung sichert er sich daher drei Stunden Zeit nach Feierabend, wenn die Anwaltsgehilfin nach Hause gegangen und der Anrufbeantworter eingeschaltet ist. Auf seinem Schreibtisch liegen verschiedenfarbige Post-its, mit denen er Schwachstellen in der Argumentation der Gegenseite in der Prozessakte markiert. Außerdem liegt ein Stapel weißen Papiers vor ihm. Darauf notiert er sich die wichtigsten Gedankengänge und Argumente. Nun ist alles vorbereitet, damit er nach Ablauf der drei Stunden seinen Schriftsatz diktieren kann.

Interessanterweise stellt sich bei der gut vorbereiteten Arbeit eine tiefe Entspannung ein. Hektik hat keine Chance. Unvorbereitete Menschen arbeiten regelrecht angsterfüllt, als wären sie ständig auf der Flucht vor einem Störenfried. Wenn Sie aber in Ruhe Ihre Aufgabe vorbereiten und alles Erforderliche parat halten, rückt die Bewältigung der Aufgabe tatsächlich in den Mittelpunkt des Lebens. Ihr widmen Sie sich ganz und gar. Hier ruht nun der Fokus Ihrer Aufmerksamkeit, und nichts kann Sie mehr ablenken.

Der oben erwähnte Student Lorenz Kuhlmann verbesserte seine Arbeitsstruktur, indem er sich zuerst überlegte, wie er das Gelesene behalten wollte. Er legte für jedes gelesene Buch und jeden Aufsatz eine Datei an und notierte sich dort die wichtigsten Fundstellen von Zitaten.

Um seine Arbeit vorzubereiten, brauchte er also

- einen leeren Schreibtisch
- die Lektüre selbst
- seinen Computer
- eine Thermoskanne mit Kaffee
- Becher, Löffel, Zucker und Milch

Zunächst schien ihm die Arbeitsvorbereitung unnötig viel Zeit zu verschlingen. »In der Zeit hätte ich längst zwei Aufsätze gelesen haben können«, monierte er. Als er es aber trotzdem so machte und danach mit der Arbeit anfing, spürte er, wie Hektik, Panik und Schweißausbrüche gar nicht erst auftraten und er sich in Ruhe seiner Arbeit hingeben konnte. Diese Erfahrung hatte er lange nicht mehr gemacht.

Praxis-Tipp
··········

Arbeitsvorbereitung

Jede, absolut jede Arbeit bedarf einer Vorbereitung. Richten Sie Ihre »Baustelle« so ein, dass Sie mindestens einen halben Tag lang ungestört arbeiten können.

Entfernen Sie alles von Ihrem Schreibtisch und aus Ihrem Umfeld, was Sie bei der Ausführung Ihrer Arbeit stören könnte.

Planen Sie Ihre Zeitstruktur

»Ich krieg das schon irgendwie hin!« – dieser Satz beschreibt das vermutlich am weitesten verbreitete »Planungsverfahren«. Es ist verantwortlich für geplatzte Termine, das Zahlen von Konventionalstrafen, nichtbestandene Prüfungen und nervös durchgearbeitete Tage und Nächte kurz vor dem Termin.

Als tragfähiger hat sich erwiesen, die einzelnen Aufgaben einer Zeitbewertung zu unterziehen. Wenn ein Maler eine Tür lackiert, so berechnet er dafür einen standardisierten Zeitfaktor, der oft schon in seinem Computer eingegeben ist. Auf der Rechnung steht dann »Spachteln, Schleifen, Vorstrich und zwei Lackierungen«. Diese Arbeiten dauern in der Regel X Minuten, und diese Zeit veranschlagt der Malermeister auch dafür.

Bei vielen anderen Arbeiten wird dieser Aspekt nicht beachtet. Auch Lorenz Kuhlmann plante schließlich seine Arbeit. Ihm standen für die Examensarbeit sechs Monate zur Verfügung. Auf einem Blatt Papier schrieb er nun auf, wie er diese sechs Monate aufteilen wollte. Seine Arbeitsschritte waren:

- Literatur beschaffen
- Literatur lesen
- Gliederung aufstellen
- Kapitel 1-5 ausformulieren
- Schlusskorrekturen anfertigen
- Bindenlassen und Aushändigen der Arbeit

Als Nächstes notierte er sich Schlusstermine. Bis Ende der ersten beiden Monate wollte er die gesamte Literatur beisammen und gelesen haben, sodass im dritten Monat seine Problemstellung und seine Gliederung feststanden. Zu Ende des fünften Monats sollten die Kapitel selbst geschrieben sein, damit ihm noch ein Monat für Schlusskorrekturen und Bindearbeiten verblieben, ohne dass er in Zeitdruck geriet.

Aber damit war seine Planungstätigkeit nicht erschöpft. Er hatte nur ein zeitliches Grobraster erstellt. Jetzt musste er für jede Woche und schließlich für jeden Tag eine Planung aufstellen. Am Abend eines jeden Tages wurde überprüft, ob er mit seiner Planung Schritt gehalten hatte. Ein Studienkollege (als Coach) ließ sich seine Resultate vorlegen und besprach sie mit Lorenz Kuhlmann gemeinsam.

Erst in dieser festen zeitlichen Planung konnte Lorenz sich selbst vor ausfernden Detailarbeiten schützen. Der Studienkollege wies ihn jeden Tag darauf hin, dass er seine Arbeiten früher abschließen müsste, wenn er den Zeitrahmen einhalten wollte. Nun begann seine Arbeitsstruktur Halt zu bekommen.

➤ Kopieren Sie dieses Planungssystem für Ihr eigenes Projekt.

1. Arbeitsschritte bis zum Ende notieren
2. Zeitrahmen zuordnen: Grobraster
3. Zeitraster Monate/Tage erstellen
4. Überprüfung des Zeitrasters: Jede Woche/jeden Tag

Schwierigkeiten bei der Planung

Durch die präzise Zeitplanung eines Projektes rückt dessen Verwirklichung in greifbare Nähe. Damit erwacht aber auch leicht wieder der gehässige kleine Mann im Ohr. Er will oft das Gegenteil von dem, was Sie wollen, und er redet Ihnen ein, Sie seien im Unrecht. »Ach Quatsch, Planung«, zischt er dann böse. »Dauert viel zu lange. Arbeite doch einfach drauflos.«

Der kleine Mann im Ohr ist ein Störer, dem Sie energisch Paroli bieten müssen. Behaupten Sie sich! Bestehen Sie darauf: »Nein, ich plane das jetzt so.«

Auch Heiko Rienitz, Lebensmittelingenieur bei einer großen Molkereifirma, hatte die größten Schwierigkeiten, überhaupt mit der Planung seiner Arbeit anzufangen. Er berichtet:

> »In unserer Firma stellen wir unter anderem Mozzarella her. Was kaum jemand weiß: Dieser Käse wird für den Export in den gesamten Weltmarkt bei uns produziert. Interessanterweise stellen wir ihn für jedes Land nach einer anderen Rezeptur her. So schmeckt der Mozzarella in Bahrein zum Beispiel völlig anders als der Mozzarella in Ägypten oder in Australien.
> Wir hatten nun das Ziel, mit unserem Mozzarella mit einer maßgeschneiderten Rezeptur Neuseeland zu erobern. Dazu sollte ich, weil ich bereits in Bahrein und Ägypten Erfahrung gesammelt habe, eine ein-

stündige Power-Point-Präsentation vor dem gesamten Vorstand und allen Mitarbeitern unseres Hauses halten. Das bedeutet: Ich musste mir entsprechendes Bildmaterial besorgen, musste das einscannen, musste Texte schreiben und eine passende Musik heraussuchen. Dann den Vortrag aufbauen, sodass ich ihn später von meinem Laptop aus per Video-Beamer an die Leinwand werfen konnte. Darin sollte es überraschende Details geben: Fotos, die von rechts oben und links oben abwechselnd eingeblendet wurden. Überblendungen, Texte und schließlich Statistiken, Verkaufszahlen und eine Marketing-Strategie. Zum Schluss musste noch die Musik hineingemischt werden, sodass der Vortrag abwechslungsreich, informativ und kompetent ankam.

Ich hatte natürlich die allerhöchsten Ansprüche. Ich sah im Geiste eine Super-Show vor mir. Aber ich wusste irgendwie nicht, wie ich das alles angehen sollte. Ich hatte noch nie mit Power Point gearbeitet, wollte das aber nicht zugeben. Und der Termin für die Präsentation rückte immer näher. Ich hatte ständig die Vorstellung: Was ich jetzt machen will, ist nicht gut genug. Deshalb warf ich auch meinen Vortragsaufbau ständig wieder um.«

Doch dann wandte sich Heiko Rienitz an einen Kollegen, dessen Power-Point-Präsentation ihm besonders viel Eindruck gemacht hatte. Sie vereinbarten einen Termin am Wochenende, und gemeinsam gelang ihnen die Planung – ein Vorgehen, das sich gut auf andere Arbeitsstörungssituationen übertragen lässt. Heiko sprach alles mit dem Kollegen durch.

»Er hat mich gefragt, was ich mir zutraue. Da kam raus, dass ich eigentlich nur Texte schreiben und Bilder einscannen konnte. Also haben wir uns für den nächsten Tag verabredet. Bis dahin sollte ich die Texte geschrieben und die Bilder in einer Auflösung von 300 dpi als tif-Dateien eingescannt haben. Ich zeigte ihm meine Gliederung und schilderte ihm, wie ich mir die Präsentation vorstellte.

Da hat er erst mal einen Haufen Schnickschnack gestrichen. Übrig blieb eine richtig gute Präsentation mit Texten, Diashow und Statistiken, und sogar mit einer kleinen Comic-Einlage, die ich früher einmal gezeichnet hatte. Die haben wir mit einer kleinen Animation mit reingebracht – allerdings konnte ich das nicht.

Wir haben also in unserer Planung bewusst getrennt, was *ich* machen konnte und was *er* machen konnte. Außerdem haben wir uns immer wieder Zeitvorgaben gemacht, also gesagt: Das muss bis morgen früh um zehn fertig sein, und das machen wir bis morgen Abend um sechs. So hatte ich übersichtliche Zeitabschnitte, auf die ich mich wirklich konzentrieren konnte. Wir haben sogar schließlich zusammen Pausen gemacht. Wir haben dabei ganz bewusst die Laptops zugeklappt und haben uns was zu essen und zu trinken geholt. Und nicht am PC gegessen! Ich war überrascht, wie cool man diese schwierige Sache angehen konnte. Die Präsentation gelang mir übrigens sehr gut.«

Planen Sie jeden Tag, wie Sie Ihre Ziele umsetzen

Zugegeben: Es ist lästig. Es macht auch keinen Spaß. Aber tun Sie es trotzdem: Notieren Sie sich am Morgen, was Sie den Tag über tun werden. Vielleicht ist es für Sie auch hilfreich, diese Planung schon am Abend vorher aufzustellen. Dann können Sie mit dem guten Gefühl in den Feierabend gehen, dass für morgen alles überschaubar vorbereitet ist und kein drohender Berg Sie erwartet.

➤ Legen Sie Aufgaben fest, die sie stündlich überprüfen können. Aber lassen Sie diese Planungsarbeit nicht länger als zehn Minuten dauern. Kritzeln Sie einfach auf ein Stückchen Papier.

8-9	Zeitungen; Schreibtisch leer räumen; Hinz anrufen
9-10	Kunz anrufen; Vertrag mit Schulze; Termin mit Schultze
10-11	Besprechung mit Müller; Entwurf Meier
11-12	
12-13	
13-14	
14-15	
15-16	
16-17	

➤ Vergleichen Sie am Abend, ob Sie Ihre Ziele erreichen konnten. Planen Sie so realistisch wie möglich. Nehmen Sie sich nicht mehr vor, als Sie erreichen können. Schreiben Sie auch nicht wesentlich weniger auf, als Sie vermutlich erreichen werden. Achten Sie bei der Planung auch auf Ihre Leistungskurve und Ihren Arbeitsrhythmus. (Mehr dazu ab Seite 152.)

Wie Sie Ihre Ziele im engmaschigen Zeitnetz umsetzen

In manchen Berufen kann man jedoch nicht so vorgehen wie oben vorgeschlagen. Wer im Kundenservice tätig ist, muss den Tag über am Telefon verfügbar sein für seine Kunden. In solchen Berufen kann man nicht minutiös planen, was man sich jede Stunde vornimmt.

Veronika Patz arbeitet im Vertrieb eines großen Buchverlages. Obgleich ihre Arbeit nur aus etwa zehn verschiedenen Vorgängen besteht, die in unterschiedlicher Reihenfolge jeden Tag auftreten, kann sie nicht vorhersagen, was der Tag bringen wird.

Die meisten Arbeitsgänge sind relativ kurze Telefonate, Koordination zwischen einzelnen Abteilungen, Kontakte zu Buchhändlern und, überwiegend, das Abwickeln von Bestellungen. Doch von Zeit zu Zeit ruft ein neuer Versandhändler an, der noch nicht mit dem Verlag zusammengearbeitet hat. Solche Erstkontakt-Gespräche dauern selten unter einer Dreiviertelstunde.

Katalogversender Babyglück ruft an. Er war bislang noch nicht Verlagskunde, möchte es aber gern werden und interessiert sich für alle Bücher aus dem Bereich Schwangerschaft und Geburt. Veronika Patz registriert ihn, vergibt eine Kundennummer und richtet die Adressenkartei ein. Etwa eine halbe Stunde dauern allein die Vorstellung der relevanten Bücher und das Aushandeln der Lieferkonditionen. Anschließend muss organisiert werden, dass der Versandhändler für seinen Katalog alle Texte und Abbildungen bekommt.

Ähnlich ist die Zeitstruktur in allen anderen Sparten des Kundenservice. Wo immer etwas gekauft und verkauft wird, wo neue Kunden akquiriert werden oder wo für Produkte geworben wird: Hier sitzen die Betreffenden in der Regel am Telefon und müssen auf alles, was der Kunde anspricht, interessiert, kompetent und schnell reagieren können.

Praxis-Tipp

Telefon vom Kollegen stundenweise übernehmen

Siegfried Sommer ist in der Zentrale eines großen Autokonzerns für die Registrierung von Fremdkunden zuständig, die seit Aufhebung der Firmenbindungen ebenfalls Fahrzeuge der eigenen Marke verkaufen dürfen. Das bedeutet für ihn täglich sechs Stunden Kundenservice am Telefon. Die verbleibende Zeit reicht jedoch nicht aus, seine übrigen anfallenden Arbeiten zu erledigen.

Siegfried Sommer hat mit der Kollegin vom Nachbarzimmer vereinbart, dass er jeden Tag eine Stunde lang ihr Telefon mit übernimmt. Dann werden alle Anrufe, die bei ihrem Apparat ankommen, automatisch auf seinen weitergeschaltet. Im Gegenzug übernimmt die Kollegin zu einer anderen Stunde alle Anrufe von Siegfried Sommer. Durch diese Regelung hat Siegfried Sommer jeden Tag sechzig Minuten Zeit, in denen er dringend anfallende Arbeiten in Ruhe abarbeiten kann.

Sich solche Zeitnischen zu schaffen ist in vielen Berufen eine echte Herausforderung. Werden Sie kreativ bei der Lösungsfindung. Überlegen Sie gemeinsam mit Kollegen und auch mit Bekannten aus anderen Branchen. Durch die größere Distanz haben die oft die besten Ideen, weil sie nicht von vorneherein sagen: »Das geht in unserem Fall sowieso nicht.«

Berücksichtigen Sie Korrekturen und Endarbeiten

Hat man mit der Planung angefangen, so ist es wichtig, wirklich alle Arbeitsgänge mit in die Planung aufzunehmen.

> »Abgabetermin 1. 12.« hatte sich Lorenz Kuhlmann vermerkt und seine Zeitplanung so ausgerichtet, dass er in den frühen Morgenstunden des ersten Dezembers die letzten Kapitel ausformulierte – was ihm eigenartigerweise nun ganz leicht fiel.
>
> Er hatte aber übersehen, dass er seine Arbeit jetzt noch ausdrucken musste, eine bestimmte Anzahl weiterer Kopien brauchte und alles gebunden um elf Uhr beim Prüfungsamt vorliegen musste. So verpasste er beinahe doch noch seinen Abgabetermin.
>
> In der Eile hatte er auch keine Zeit mehr für einen letzten Korrekturdurchlauf eingeplant. Es wäre wichtig gewesen, seine gesamte Arbeit noch einmal durchzulesen, um offensichtliche Fehler auszuschalten. Auch das war jedoch nicht geschehen.

Ein guter Handwerker räumt nach Ende seiner Arbeiten die Baustelle. Er entfernt Abdeckplanen, fegt und hinterlässt seine ehemalige Baustelle so, als sei er nie dortgewesen. Auch die dafür erforderliche Zeit muss er einplanen.

Dieser Aspekt gilt für jede Arbeit. Es gibt immer ein letztes i-Tüpfelchen aufzusetzen. Auch das dauert!

Praxis-Tipp

Bündeln Sie gleiche Arbeitstypen

Wenn Sie ein wenig planlos im Lauf Ihres Arbeitstags mal telefonieren, mal fotokopieren gehen, mal Ablage machen und mal neue Listen anlegen, dann kann sich keine rechte Konzentration aufbauen. Oft ist es sinnvoller, einzelne Arbeitsschritte zu bündeln.

➤ Schreiben Sie sich eine Telefonliste

Statt jedes Telefonat dann zu machen, wann es Ihnen einfällt, erstellen Sie sich eine kleine Liste und telefonieren die Gespräche nacheinander herunter. Wer besetzt ist, kommt am Ende der Liste wieder dran.

➤ Legen Sie eine Ablage für Fotokopien an

Statt wegen jedes Blatts, das Sie kopieren müssen, aufzustehen und zum Kopierer zu laufen, legen Sie alles aufeinander in ein Ablagekörbchen und kopieren Sie alles auf einmal.

➤ Beantworten Sie E-Mails zu festen Zeiten

Klar: Wenn Sie anfangen, checken Sie erst mal Ihr E-Mail-Account. Dann beantworten Sie alle Mails und legen sie ab. Dasselbe wiederholen Sie vielleicht nach dem Mittagessen. Wenn Sie dagegen fünfmal am Tag Ihre Mails durchschauen, verlieren Sie möglicherweise zu viel Zeit.

➤ Machen Sie sich »Besprechungslisten«

Für eine richtige Konferenz haben Sie natürlich Ihre TOP-Liste. Aber wenn Sie nur schnell etwas mit Kollegen besprechen wollen – geht Ihnen das auch oft so, dass Sie mitten im Gespräch denken: Da war doch noch was? Eine Stunde später, lange nach der Besprechung, fällt es Ihnen wieder ein. Schreiben Sie vorher auf ein Post-it, was Sie sagen oder fragen wollen.

➤ Fassen Sie Internetrecherchen zusammen

Sie loggen sich im Internet ein und suchen Hintergrundinfos zu einem bestimmten Thema. Eine Stunde später tun Sie es wieder. Ist es vielleicht sinnvoller, Sie schreiben auch hier eine kleine Notiz und machen alle Internetrecherchen zusammen?

➤ Erstellen Sie Checklisten

Laufen viele Ihrer Arbeiten nach einer bestimmten Routine ab, die im Prinzip immer gleich ist? Dann probieren Sie mal, mit einem Ablaufplan zu arbeiten, in dem alle wiederkehrenden Aufgaben verzeichnet sind. Diesen Ablaufplan haben Sie dann als Blankoformular im Computer und füllen ihn für jedes neue Projekt aus. Zum Beispiel:

Projekt/Kunde

Liefertermin 1	Ansprechpartner 1
Liefertermin 2	Ansprechpartner 2
Liefertermin 3	Ansprechpartner 3

Rechnungssumme / Datum
Vorlaufzeit

So können Sie sicher sein, dass Sie nichts vergessen, und sparen sich langes Überlegen.

➤ Entwickeln Sie Formblätter für regelmäßig wiederkehrende Schriftsätze

Sie müssen auf dem Computer immer ähnliche Briefe schreiben? Einer Redakteurin z.B. werden jeden Tag stapelweise Texte angeboten, die sie veröffentlichen soll. 95% davon schickt sie – nach zwei Minuten Durchsicht – mit einem Dankschreiben zurück. Dafür hat sie sich drei Standardbriefe abgespeichert, in die sie nur noch Namen und Titel einträgt: einen nur höflichen, einen höflichen und netten und einen netten mit Hilfeangeboten, an wen sich der Betreffende wenden könnte. So kann sie in wenigen Minuten am Tag die vielen Manuskripte vom Schreibtisch bekommen.

Ähnlich machen es Rechtsanwälte. Da gibt es Formblätter für Mahnschreiben, für Prozessvollmachten, für Eidesstattliche Erklärungen, für Bitten um Akteneinsicht, für Begleitschreiben an Mandanten und für Begleitschreiben an das Gericht.

Welche Formblätter können Sie sich einrichten?

Auf einen Blick:
So planen Sie
Ihren Arbeitsablauf besser

➤ Stückeln Sie Ihr Projekt in einzelne Aufgaben, deren Bewältigung Sie planen können. Planen Sie in großen, mittleren und kurzen Zeitabschnitten. Machen Sie jeden Morgen oder Abend eine Tagesplanung.

➤ Richten Sie (eventuell jeden Morgen neu) Ihre »Baustelle« ein, bereiten Sie alles vor und beschaffen Sie sich alles, was Sie im Laufe des Tages brauchen werden. Entfernen Sie alles aus Ihrem Arbeitsumfeld, was Sie an diesem Tag nicht benötigen werden.

➤ Stellen Sie einen genauen Tagesplan auf, den Sie abends mit dem vergleichen, was Sie tatsächlich erreicht haben. Benutzen Sie das Aufstellen dieses Tagesplans als Ritual, um mit der Arbeit zu beginnen.

➤ Schaffen Sie sich Zeitnischen, auch wenn diese nicht in Ihrem Berufsalltag vorgesehen sind, und arbeiten Sie in dieser Zeit Überhänge ab.

➤ Durchdenken Sie Ihren Arbeitsprozess bis zum Schluss. Beziehen Sie auch die »Aufräumarbeiten« am Ende mit in Ihre Zeitplanung ein. Besorgen Sie u. U. rechtzeitig Hilfe.

➤ Planen Sie nötigenfalls neu, falls eine veränderte Situation es erfordert. Akzeptieren Sie die Realität, auch wenn Sie sie nicht gutheißen.

➤ Planen Sie nicht über Ihr Leben hinaus. Verwirklichen Sie erst ein Lebensziel, bevor Sie sich ein neues stellen.

Wenn Sie wie Martina Hansen zufrieden berichten können, wie sich Ihre Maßnahmen auf Ihre Arbeit ausgewirkt haben, hatten Sie Erfolg:

>»Dadurch, dass ich einen Tagesplan für meinen Coach aufstellen musste, musste ich mir selbst erst mal überlegen, wie ich meine einzelnen Arbeitsschritte nenne, musste erst mal eine genaue Struktur hineinbringen und war dann in der Lage, das nach und nach abzuarbeiten. Ich habe mich dann auch mit dem Professor treffen können. Vorher hatte ich ja viel zu viel Angst, um ihn überhaupt anzurufen, aber dann hatte ich was in der Hand, was ich vorlegen konnte: Zwischenergebnisse. Damit bin ich zu ihm hingegangen und habe mit ihm darüber geredet und konnte ihm auch ganz klar sagen: Das und das habe ich noch vor. Ich konnte meine Programmieraufgaben sogar auch zu Ende bringen und sehen, dass da Ergebnisse rauskamen, richtig schöne Zahlen, und konnte so die letzten zwanzig Prozent, die mir eigentlich nur noch gefehlt hatten, nach und nach abarbeiten und die ganze Diplomarbeit abschließen und habe die auch mit einem prima Ergebnis, nämlich mit der Note Eins Komma Sieben, beendet.«

Gehen Sie gut mit sich um

Wer erfolgreich seine Projekte verwirklicht, ist sein eigener Freund. In stummen Selbstgesprächen tröstet er sich selbst, wenn er abgespannt ist. Er klopft sich auf die Schulter, wenn ihm etwas gut gelungen ist. Er spricht sich Mut zu, wenn die Durststrecke lang ist. Und bei einem Fehler sagt der Freund in einem selbst: »Gib es zu und mach es gleich noch einmal besser.«

Diese Leitlinien sollte jeder Mensch befolgen. Es klingt einfach, nicht wahr? Ist es auch. Denn nur so können Sie sich mit ganzer Seele Ihrer Arbeit hingeben.

> Ich hatte einmal eine Kollegin, die mit ihrem »inneren Menschen« immer lautstarke Zwiegespräche führte. Wenn ich morgens durch ihr Büro ging, hörte ich, wie sie vor sich hin schimpfte: »Du Idiot! Was hast du denn da wieder für einen Blödsinn gemacht? Und das hast du auch noch nicht erledigt? Nun mach schon!« Sie beschimpfte sich den ganzen Tag über selbst. Sie war sich nicht ihr eigener Freund, sondern sie trug einen Feind in sich herum.

Niemand sollte sich selbst schlecht behandeln. Trotzdem kommt es immer wieder vor. Dabei gibt es unterschiedliche Strategien, mit denen wir uns selbst fertig machen können. Sehen wir uns die fünf häufigsten einmal an.

Die Dummheitsstrategie:
»Du bist viel zu blöd dazu!«

»Du bist viel zu blöd für deine Arbeit!«, sagt der »innere Mensch« in diesem Fall. Er sagt es besonders dann, wenn der Betreffende hochintelligent ist, wenn er also auf seine Klugheit stolz ist. Die Klugheit ist in diesem Fall sein verletzlichster Teil, seine Achillesferse, und wenn er da getroffen wird, fällt er am ehesten in sich zusammen.

Für diese Verletzung sind bestimmte Menschentypen besonders anfällig: die »Helfer«, die zur Depression neigen. Hören sie »Du bist viel zu dumm dazu …« von ihrem inneren Mitmenschen, dann krampfen sie sich regelrecht zusammen. Sie reagieren auf ihre Selbstschelte. Sie nicken stumm: »Ich weiß ja, leider hast du Recht.«

Glauben Sie, dass irgendjemand noch frei und kreativ denken kann, der einen solchen inneren Dialog führt?

> Hermann Fiedler arbeitete bei einer Bank. Wenn er anfing, einen Überweisungsträger auszufüllen, erhob sich bereits nach den ersten Schriftzeichen seine innere Stimme und redete ihm ein: »Was hast du denn da wieder für einen Quatsch gemacht?« Hermann Fiedler schrak daraufhin zusammen. Er hatte doch nur das Tagesdatum eingegeben. Aber vermutlich hatte die innere Stimme Recht. Er starrte auf das Datum. Er verglich es mit dem Datum auf dem elektronischen Datumsanzeiger in der Schalterhalle. Die Zahlen flimmerten vor seinen Augen. Doch, er hatte es richtig gemacht. Nun fing er an, die Kontonummer einzutragen. Kaum standen die ersten drei Zahlen dort, musste er sich eine spöttische Stimme anhören: »Na? Willst du lieber noch mal nachsehen?« Schließlich brauchte er eine halbe Stunde, bis er eine Überweisung ausgefüllt hatte.

Hermann Fiedler, vom seelischen Grundtyp ein »Vorsichtiger«, konnte einem solchen Ausmaß an Kritik nicht standhalten. Ausgerechnet ihm, dem Gewissenhaften, ständige Entgleisungen anzulasten! Wer wagte das? Er hatte sich schon so lange von seinen inneren Stimmen unter Druck setzen lassen, dass er schließlich nicht mehr in der Lage war, seine Arbeit zu bewältigen.

Von einem solchen Seelenfreund muss man sich schleunigst trennen. »Ich bin nicht blöd, und jetzt sei still und stör mich nicht bei der Arbeit«, sollte man ihm sagen. Das ist ein einfacher Trick, den jeder ausprobieren kann.

In einem anderen Büro »stutzt« der Chef seine Mitarbeiter gern »zurecht«, und zwar mit Vorliebe solche, die ihm selbst gefährlich nahe kommen. So bleiben Talente ohne Förderung, können sich nicht entfalten, und allmählich verkümmert der Betroffene, wenn er nichts gegen die Situation unternimmt. Er ist dabei, innerlich das schlechte Urteil des Chefs über sich zu akzeptieren und setzt sich nicht dagegen zur Wehr. Hier hilft oft nur ein Wechsel des Arbeitsplatzes in eine geschütztere Arbeitssituation.

> Manfred Toppel hatte mit siebenundzwanzig Jahren eine Doktorarbeit geschrieben, die ihm an den besten Universitäten der Welt Ehre gemacht hätte. Er war ein gefragter Gastredner auf internationalen Kongressen. Aber abends im Freundeskreis seufzte er mit einem leeren, verständnislosen Gesichtsausdruck: »Siebenundzwanzig Jahre – und ich habe noch nichts geleistet!«

Wer mit einem solchen Genossen in einer Haut leben muss, ist vermutlich als Kind schon oft entwertet worden. Möglicherweise wurde seine Begabung nicht geschätzt. Das geschieht häufig in Familien, wo geistige Arbeit nicht als wirkliche Arbeit gilt.

➤ Wenn Sie auch davon betroffen sind, ersetzen Sie diese innere Stimme durch eine neue, freundliche. Schreiben Sie Ihrer Stimme den Text auf, den sie zu Ihnen sprechen soll.

Ich höre oft als innere Stimme:

_____

In Zukunft werde ich mir stattdessen sagen lassen:

_____

Die Schweißstrategie:
»Du strengst dich gar nicht an!«

»Arbeit soll vor allem anstrengen!«, sagt der innere Mensch in diesem Fall. »Ohne Schweiß kein Preis.« Auch die alten Griechen lehrten schließlich schon: »Vor den Erfolg haben die Götter den Schweiß gesetzt.« So richtig diese Einstellung vielleicht im Leistungssport ist, als allgemein gültige Leitlinie in der Arbeit des 21. Jahrhunderts hat sie ausgedient.

Im Gegenteil. Die richtige Arbeit ist oft diejenige, die uns am leichtesten von der Hand geht. Welche ist das? Diese Frage stellt sich etwa einem Abiturienten, der viele gleich hohe Begabungen hat und nicht weiß, welchen Beruf er ergreifen soll. »Anstrengen soll es«, sagt er sich und macht das zum Beruf, was ihm immer am schwersten gefallen ist. Dabei hätte er in einem anderen Fach vollkommen mühelos – und erfolgreicher – arbeiten können.

Manche Tätigkeiten beglücken uns ganz unabhängig von ihrer materiellen Verwertbarkeit. Und denen sollten wir nachgehen. Wir sollten unsere Lust am Tun und unsere Freude am Produkt zur Kenntnis nehmen, dann erbringen wir auch gute Leistungen.

Viele Depressive (früher sagte man: der »Ärmelschonertyp«) sitzen zwölf oder vierzehn Stunden täglich an ihrem Arbeitsplatz und zeigen ihren Kollegen, wie sehr sie sich anstrengen. Damit erhoffen sie sich vielleicht eine Beförderung oder Gehaltserhöhung. In Wirklichkeit arbeiten sie oft weniger als die anderen, weil es ihnen schwer fällt, eine Arbeit gut einzuteilen, sich sofort einen Überblick zu verschaffen und das Wichtigste zu erkennen.

➤ Wenn Sie in Zukunft »Streng dich gefälligst an« hören, so verwehren Sie sich auch dagegen. Sprechen Sie sich stattdessen Mut zu: »Du schaffst das schon. Mach eine kleine Pause, und dann kannst du weiterarbeiten.«

Die Pessimismusstrategie:
»Das wird eh nichts!«

»Das hat doch sowieso keinen Zweck!« Wie oft hört man diese Sätze bei der Arbeit, laut ausgesprochen oder leise vor sich hin gedacht.

Je sensibler derjenige ist, der es hören muss, desto verstörter reagiert er. Tatsache ist, dass jeder Mensch Fehler macht, und wer viel arbeitet, produziert auch viel fehlerhaftes Material. Wenn Sie etwa ein Brainstorming machen, produzieren Sie vielleicht zweihundert Ideen mit der Absicht, die allerbeste in diesem Pool zu finden. Ihre weitere Arbeit bezieht sich dann nur auf diese eine einzige Idee, die allerdings um Klassen besser ist als irgendeine vorsichtig »gleich ins Reine gedachte« Idee. Die 199 verworfenen Ideen legen Sie ab oder verwenden Sie ein andermal.

Wie würde sich ein kreativer Mensch fühlen, wenn man ihm stattdessen vorhielte: »Du hast 199-mal etwas Dummes gesagt, bevor *einmal* etwas Kluges kam«?

»Dummheit« und »Fehler« sind also normale Bestandteile unserer Arbeit. Worauf wir uns beim Weiterarbeiten *beziehen*, ist entscheidend. Wir sollten nur mit unseren besten Resultaten weiterarbeiten.

Genauso sollten wir es im menschlichen Kontakt halten. An jedem Mitarbeiter lässt sich auch etwas »Dummes« finden. Ein Team zusammenzustellen, in dem nur die besten Charaktereigenschaften der Menschen genutzt werden: Das ist eine Kunst, die wenige beherrschen.

Die Pessimismusstrategie blockiert natürlich auf die Dauer jede Initiative zu handeln. Vielleicht wurde diese Initiative schon früh in der Entwicklung blockiert, wenn das Kind hören musste: »Das kann doch nie etwas werden!«

Im Erwachsenen wird so eine Aggression gegen einen selbst produziert, der man häufig durch Mehrarbeit ausweichen will. Dadurch gerät man aber leicht in einen Erschöpfungszustand, und die Arbeitsberge werden trotzdem nicht erledigt.

➤ Statt »Das wird doch eh wieder nichts« sollte man sich anhören: »Hast du auch genau geprüft, ob du alles Material dafür beisammen hast? Wirst du auf diese Weise dein Ziel erreichen? Kannst du es mit Kollegen A, B oder C noch einmal daraufhin überprüfen? Brauchst du vielleicht noch Hilfe?« Und schon haben Sie einen freundlichen, ermunternden Ton gefunden, der Sie wirklich weiterbringt.

Die Routinestrategie:
»Immer dasselbe ...«

Kaum eine Tätigkeit besteht nur aus Handlungsabläufen, die pausenlos Freude bereiten. Manches ist öde Routine oder einfach nur anstrengend.

Auch das Arbeitsergebnis bereitet nicht immer nur reine Freude. Es ist aber ein Merkmal des Erwachsenen, dass er anstrengende oder langweilige Tätigkeiten in Kauf nehmen kann, um auch erfreuliche Aspekte der Arbeit zu erreichen. So übt der Pianist seine Tonleitern, spielt der Geiger seine täglichen Etüden, erklärt der Lehrer immer wieder dasselbe. Der Schriftsteller schreibt Romankapitel, die er zwei Tage später wieder wegwirft, und der Fließbandarbeiter nimmt die Gleichförmigkeit seiner Arbeit in Kauf. Alle tun es, weil sie einen höheren Zweck verfolgen: Erfolg auf dem Podium, eine gebildete Jugend, herausragende literarische Werke oder die Sorge für eine Familie.

Mitunter sind die Routinephasen in einem Beruf sehr langwierig. Sie können auch jahrelang andauern. Es mag für einen ambitionierten Architekten frustrierend sein, wenn er Häuser bauen wollte wie Frank Lloyd Wright, aber im Alltag nur Flachdächer abdichten oder bestenfalls Reihenhäuser entwerfen darf. Ein junger, ambitionierter Arzt wollte ursprünglich die Menschheit kurieren und muss stattdessen Arbeitsunwillige krankschreiben. Ein Wissenschaftler wollte die Welt verändern und muss stattdessen Fliegenbeine zählen.

Man kann Routine auch akzeptieren als eine Herausforderung, langweilige Arbeitsgänge zu optimieren, sodass sie weniger Zeit brauchen, etwa durch Einführung einer neuen Technologie. Manche Menschen hingegen verrennen sich geradezu in verhasste Routinearbeit. Ihnen haftet dann auch etwas Selbstquälerisches an. Aber man muss kein Schicksal endgültig akzeptieren. Wer nicht Fließbandarbeiter bleiben will, *wird* einen Ausweg finden. Hier hilft mitunter etwas Abstand nach einer Arbeitspause oder einem Urlaub.

Die Suchtmittelstrategie: »Ein Schlückchen nimmt die Anspannung ...«

Der Druck, auf Befehl eine kreative Leistung erbringen zu müssen, ist für viele Menschen nicht zu ertragen. Sie sitzen vor dem oben zitierten leeren Blatt, spüren, wie sie immer unruhiger werden, sehen nervös den Minutenzeiger der Uhr auf die Deadline zuwandern und verkrampfen sich vollkommen.

> Mike Lehmann war Sportredakteur in einer Regionalzeitung und musste Tag für Tag zwischen zehn und fünfzehn Zeitungsseiten produzieren. Sein Arbeitstag begann um zehn Uhr morgens mit dem Lesen der letzten Meldungen. Gegen elf Uhr musste er anfangen, Entscheidungen zu treffen: Wie wollte er die gerade gelesenen Meldungen in seinen Satzspiegel einbauen? Welche Überschriften sollte er wählen? Welche Unterzeilen? Welche Passagen sollte er kürzen, damit die Meldung auf die Länge des gewünschten Artikels kam? Mike kannte schon das Gefühl, das ihn immer überkam, wenn er mit seinen Meldungen vor dem fertigen Satzspiegel saß.
> Eine unsichtbare Hand griff nach seinem Hals und würgte ihn. Er bekam eine unüberwindliche Abneigung gegen seine Arbeit. Er konnte nicht sitzen bleiben.
> Und so stand er pünktlich um elf Uhr auf, ging hinunter zur Kantine, und dann kam er mit einem Bier zurück, das er neben seinen Computer stellte. Nun konnte er sitzen bleiben. Er stand nicht mehr »unter

> Strom«. Und so saß er bis Redaktionsschluss neben Meldungen, Compu-
> ter und Bier, verfasste Artikel, schrieb Überschriften und Unterzeilen
> und kürzte seine Meldungen. Bis er fünf Jahre darauf entlassen wurde
> und nirgends mehr Arbeit fand.

Hier hatten Routine und Abwertung ihr zerstörerisches Werk schon weit fortgesetzt. Der innere Kampf war verloren. Das kreative, produktive Ich musste und konnte sich mit keinem Stoff mehr auseinander setzen.

Das Ziel war aufgegeben worden.

Möglicherweise hatte Mike Lehmann, so widersinnig es auch klingt, Angst vor seinem eigenen Erfolg gehabt. In solchen Fällen greifen Menschen seit Jahrhunderten zu Suchtmitteln, um diese Angst zu dämpfen. Die Großen aus Kunst und Literatur haben uns darüber vielfältig Auskunft gegeben. Unzählige Schriftsteller, man denke an Hemingway, benötigten Alkohol, um ihre Arbeitshemmungen zu betäuben.

Mitunter dienen Suchtmittel eine Weile zur Anregung. Sie machen die abwertende zweite Person im Menschen eine Weile mundtot, sodass er sich endlich ganz seinem erklärten Ziel widmen kann. Außerdem sorgen sie für Spannungsabfuhr, wenn die Angst vor dem bevorstehenden Erfolg nicht länger ertragen werden kann.

Diese Form des Kampfes gegen den »inneren Schweinehund« kann aber auf die Dauer aus dem Ruder laufen. Das ist bekannt.

In Pausen
Kraft schöpfen

Eine Methode, sich gegen die lästigen und hindernden inneren Stimmen zur Wehr zu setzen, ist, regelmäßige Pausen einzuhalten. Das fällt oft schwer. Friederike Blum, Nachtschwester in der Chirurgischen Frauenstation eines Kreiskrankenhauses, berichtet.

»Wie soll ich Pausen machen, wenn bei uns der Bär steppt? Diese Arbeitsbelastung kann sich kein Mensch vorstellen, und wir dürfen ja eigentlich auch nicht davon sprechen. Beim Pflegepersonal wird am meisten gespart. Wenn ich Nachtdienst habe, kann es vorkommen, dass ich mit einer einzigen Lernschwester für vier Stationen zuständig bin. Das sind zwischen sechzig und hundert Patienten. Davon müssen etwa dreißig gewaschen werden, weil sie sich nicht bewegen können. Allein das ist so viel Arbeit, dass ich nachts um eins mit dem Waschen beginnen muss, wenn ich bis zum Schichtwechsel um sechs fertig sein will. Das klappt nur unter der Voraussetzung, dass kein Notfall eingeliefert wird. Aber allzu oft kommt es eben doch vor, dass ich einen Patienten eingeseift liegen habe. Dann geht der Pieper. Die Kollegen aus dem OP informieren mich, dass ein Notfall kommt. Das heißt: ein frisch Operierter, der gerade auf dem Tisch liegt und den sie mir in wenigen Minuten auf die Station schicken.

Dann muss ich den nassen Patienten liegen lassen, zum Aufzug rennen, den noch narkotisierten Patienten in Empfang nehmen und erst mal warten, bis er zu sich kommt, eventuell Sandsäcke auf die OP-Stelle legen und aufpassen, dass er gut aufwacht. Wenn dann noch ein zweiter und ein dritter Notfall dazukommen, schaffe ich die Routine überhaupt nicht mehr. Dann hätte ich um Mitternacht mit dem Waschen anfangen müssen, aber das geht eben nicht. Der Tagdienst wäscht die Patienten auch nicht, der hat andere Aufgaben. Ganz schlimm wird es, wenn Komplikationen dazukommen. Wenn bei jemandem die Temperatur stark ansteigt und ich den Notarzt rausklingeln muss oder wenn mit der Atmung etwas nicht stimmt. Das alles geht einem sehr nahe, auch noch nach Jahren. Die Menschen kommen meist mit großen Schmerzen, sie haben vielleicht einen schlimmen Unfall überlebt, manchmal haben die Patienten noch die Glassplitter ihrer Windschutzscheiben in der Kleidung und auf der Haut, wenn sie schon aus dem OP kommen. Auch darum müssen wir uns natürlich kümmern.

Und dann noch die ständige Lauferei die langen Gänge entlang. Viele von uns haben sich schon Roller gekauft und rollern immer die Gänge hinunter. Aber mit Bettpfanne in der Hand geht das zum Beispiel nicht. Wie soll ich da noch eine Pause machen? Manchmal arbeite ich von Dienstanfang um zehn bis morgens um sechs ohne Pause durch. Aber ich weiß, das ist Quatsch. Ich müsste mich öfter zwingen, irgendwann aufzuhören und eine kleine Pause zu machen, einfach hinsetzen, einen Kaffee trinken und abschalten. Aber wie soll ich das machen, wenn ein Patient in Lebensgefahr ist?«

Friedrike Blum hielt diese Arbeitsbelastung auf die Dauer nicht durch. Schließlich vereinbarten die Nachtschwestern aller Stationen, dass sie sich gegenseitig eine halbe Stunde mit einem »zweiten Mann« aushelfen wollten, damit auch die Schwester in der stark belasteten Station eine Pause machen konnte. Dieses System bewährte sich.

Es scheint auf den ersten Blick erstaunlich, dass man der Strukturierung von Pausen so viel Bedeutung beimessen soll. Aber in Pausen erholt man sich. Man belohnt sich für eine Anstrengung. Man beugt Erschöpfung und Überanstrengung vor. Man schöpft Kraft und neue Energie.

Wer konzentriert und punktgenau gearbeitet hat, kennt die Erschöpfung, die darauf folgt. Sie gleicht einer starken Entladung. Man fühlt sich wie ein leerer Akku, der nun keine Energie mehr abgeben kann. Dieses Gefühl kann bereits nach zwanzig Minuten hochkonzentrierten Arbeitens eintreten! Viele Menschen ängstigt dieses Erschöpfungsgefühl. Sie kommen sich ausgebrannt vor und glauben, den Tag über jetzt nichts mehr leisten zu können.

Macht man danach aber eine Pause – man darf sich auch zehn Minuten auf die Couch legen, aber nicht ins Bett –, erholt man sich schnell wieder. Dem tiefen Absinken der Leistungskurve folgt meist ein rascher Wiederanstieg der Leistungsfähigkeit.

Ein solch vehementer Ausschlag in der Arbeitsintensität – starke Anstrengung und starke Erschöpfung – ergibt einen ganz anderen Arbeitsrhythmus als ein laues Vor-sich-hin-Werkeln, bei dem nicht viel erreicht wird, aber auch weniger Erschöpfung eintritt. Wer unter Arbeitsblockaden leidet, sollte wissen, dass mit dem Wunsch nach einer Pause meist schon ein schlechtes Gewissen verbunden ist. Der Bestattungsunternehmer Wilfried Klisch, der »Messie«, schildert:

> »Ich habe von mir aus keine Ruhe, eine Pause zu machen, weil ich immer das schlechte Gewissen habe: Du willst ja hier aufräumen. Du willst endlich die Unordnung beseitigen, die Wohnung sauber machen und alles in Ordnung bringen. Dabei habe ich dann immer den Anblick der vielen unaufgeräumten Stellen vor Augen. Und ich habe immer das Gefühl: Ich habe kein Recht, mich erholen zu wollen. Wovon soll ich mich erholen, wenn es noch so hier aussieht? Wie darf ich mich erholen, wenn ich doch bislang so faul war?«

In der Messie-Selbsthilfegruppe wurde daher besprochen, dass Wilfried jeden Tag eine bestimmte Zahl Stunden aufräumen sollte. Zwei Wochen lang räumte er nach einem festen Arbeitsplan mit fest eingeplanten Pausen seine Wohnung auf. Tatsächlich schaffte er es in dieser Zeit, Flur, Bad und zwei Zimmer so herzurichten, dass er darin Besuch empfangen konnte, der von seinem Problem nichts wusste.

Das war für Wilfried sehr wichtig. Er berichtete beschämt: »Zehn Jahre lang habe ich keinen Besuch in meiner Wohnung gehabt. Ich war völlig isoliert. Dieses kurze Kaffeetrinken war für mich ein richtiges Fest. Denn nun weiß ich: Ich kann es schaffen.«

In der Selbsthilfegruppe wurden auch feste Mahlzeiten vereinbart. Denn Wilfried hatte Schwierigkeiten, sich regelmäßiges Essen zu gönnen. Auch damit tun sich Menschen mit Arbeitsblockaden manchmal schwer – aus Schuldgefühlen. Sie haben sich, so der »kleine Mann im Ohr«, ja noch keine Mahlzeit verdient.

Es ist ein Teufelskreis. Weil sie zu wenig Energie haben, schaffen sie die Attacke auf den Kern ihrer Arbeit nicht. Weil sie nicht punktgenau arbeiten, haben sie ein schlechtes Gewissen. Das schlechte Gewissen verbietet ihnen die Belohnung, zu essen und auszuruhen.

➤ Dieser Teufelskreis ist aber zu durchbrechen. Beginnen Sie den neuen Tag mit einer kräftigen Mahlzeit und einer intensiven Arbeitsphase. Genießen Sie den »Durchhänger« danach im Vollbewusstsein, ein Vielfaches von dem erarbeitet zu haben, was Sie sonst schaffen. Machen Sie eine kurze Ruhepause und nehmen Sie selbstverständlich eine Zwischenmahlzeit ein.

Auf einen Blick:
Einige freundliche Sätze
an Sie selbst

Ersetzen Sie in den stummen Selbstgesprächen, die jeder Mensch mit sich führt, Beschimpfungen durch Ermunterungen.

Du kriegst das nie fertig!
➤ Wo stehst du genau in deinem Projekt? Wie viel hast du schon erledigt? Da hast du dir ja schon viel vom Halse geschafft. Wie viel fehlt dir noch? Den Rest hast du bald fertig.

Na, heute wieder total vergesslich?
➤ Das hast du übersehen. Wahrscheinlich bist du im Stress. Mach erst mal eine kurze Pause, damit du dich wieder entspannst und neue Kräfte sammelst.

Schon so alt und immer noch nichts geleistet?
➤ Du hast schon viel erreicht. Wer weiß, was noch vor dir liegt.

Du bist ja total chaotisch, kein Wunder, dass das nichts wird.
➤ Bislang hast du etwas unsystematisch gearbeitet. Ab sofort lässt du das und arbeitest geordnet.

Du machst immer alles falsch!
➤ Hier hast du gerade einen Fehler gemacht. Wie kannst du den beheben? Wie kannst du von hier aus besser weiterarbeiten?
Bist du müde? Du hast gerade einen Fehler gemacht. Hast du auch genügend Pausen eingelegt?

Wurde auch Zeit, dass das fertig wird.
➤ Das ist dir sehr gut gelungen! Fast hättest du es gar nicht gemerkt, weil es dir ganz selbstverständlich vorkam. Ich freue mich mit dir an deinem Erfolg. Weiter so!

Schon wieder zu spät und in Hektik? Typisch!
➤ Achte auf die Zeit und pass auf, dass du dich nicht hetzt.

Notieren Sie drei Sätze, die Ihnen häufig tadelnd durch den Kopf gehen.

1. _____

2. _____

3. _____

Ersetzen Sie diese drei Sätze nun durch Ermunterungen, die Ihnen Kraft geben, alte Fehler zu vermeiden und mit frischer Energie weiterzuarbeiten:

1. _____

2. _____

3. _____

Belohnen Sie sich
für Ihre Arbeit

»Ich bemühe mich jetzt, systematisch zu arbeiten. Das heißt: Raum für Raum aufzuräumen. Wenn ich im Wohnzimmer anfange, dann erledige ich auch alle Arbeiten im Wohnzimmer, also aufräumen, staubsaugen, staubwischen. Dann gehe ich erst in den nächsten Raum. Und wenn ich einen Raum fertig habe und mich umsehe und dann feststelle, wie schön dieses Zimmer jetzt ist, dann geht es mir einfach gut und ich denke: Jetzt hast du eine Pause verdient. Dann setze ich mich hin und trinke erst mal in Ruhe einen Kaffee. Das habe ich früher nicht gewagt, weil ich das schlechte Gewissen hatte und mir immer sagte: Du hast es nicht verdient, dich auszuruhen. Jetzt denke ich: Du hast es sehr wohl verdient. Bevor du in den nächsten Raum gehst, kannst du dich entspannen, dich an dem aufgeräumten Zimmer freuen, in Ruhe deinen Kaffee trinken und dann ganz entspannt weitermachen.«

Monika Gaulkes Einstellung hat sich verändert. Die Auswirkungen sind immens. Das Belohnen ist ein wichtiger Bestandteil des Arbeitsprozesses. Menschen mit Schuldgefühlen belohnen sich in der Regel nicht. Es fällt ihnen schwer, sich immer wieder klarzumachen, dass sie für sich selbst da sind und für sich selbst arbeiten.

Test: Belohnen Sie sich genügend?

	1 stimmt genau	2 stimmt oft	3 stimmt manch- mal	4 stimmt selten	5 stimmt gar nicht
Ich habe schon ein Jahr lang keinen Urlaub gemacht.					X
Fünftagewoche sollen die anderen machen. Ich habe mehr zu tun.				X	

	1 stimmt genau	2 stimmt oft	3 stimmt manch-mal	4 stimmt selten	5 stimmt gar nicht
Meine Arbeit ist auch meine Erholung. Ich brauche keine gesonderten Belohnungen.					X
Ich kann mir meine Zeit nicht so einteilen, dass ich längere Erholungszeiten einplanen kann.			X		
Wenn ich meine Arbeit dauernd unterbrechen würde, würde ich ja nicht genug schaffen.					X
Ich kann nicht zu festgesetzten Zeiten essen. Ich muss meine Essenszeiten nach meiner Arbeitszeit legen.					X
Ich habe keine Zeit, Sport zu treiben. In meiner Arbeit habe ich genug sportliche Betätigung!			X		
»Am siebten Tag sollst du ruhn« gilt nicht für mich. Ich habe an jedem Tag der Woche zu tun.				X	X
Ich würde mich schämen, ins Hotel zu gehen und mich dort von vorn bis hinten bedienen zu lassen.					X
Ich brauche keine Arbeitsunterbrechung. Es zeigt sich ja, dass ich so sehr gut arbeiten kann.					X
Ihre Punktzahl:			6	8	30

44

Zählen Sie Ihre Punkte zusammen. Wenn Sie weniger als 20 Punkte haben, gönnen Sie sich nicht genügend Belohnungen und sollten das folgende Kapitel aufmerksam lesen.

Wer sich keine Belohnung nach einer getanen Arbeit gönnt, kämpft gegen innere Stimmen, die ihm sagen, er sei nicht gut genug, nicht schnell genug, nicht gründlich genug, nicht kreativ genug und nicht kostenbewusst genug.

Die meisten dieser inneren Vorwürfe sind Überbleibsel aus einer früheren Lebensphase, Überzeugungen aus Kindertagen. Denn diese Vorwürfe setzen eine Kettenreaktion in Gang: Zuerst kommt der Vorwurf »Das ist alles Blödsinn!«. Als Nächstes folgt eine Strafe. Darauf folgt die Lustlosigkeit, und nun scheitern die Projekte, eins nach dem anderen.

Die Gefahr
bei »einsamen Berufen«

Weil viele ihre Arbeit als Strafe empfinden, erwarten sie auch immer wieder neue Bestrafungen. Und als drakonischste Strafe wird die völlige Isolation beschrieben. Wer allein ist, wer in Einzelhaft büßen muss, gerät nach einer Phase der inneren Auflehnung in Apathie. Alles wird ihm egal.

Dabei nehmen »einsame Berufe« zu. Früher gab es den Bergmann, der in der Hitze der ewigen Nacht im Stollen unter der Erde neue Gänge grub, um den Erzflößen auf der Spur zu bleiben. Heute gibt es die vielen Outsourcer, die in einer modernen Variante der Heimarbeit mit ihrem Arbeitsauftrag und dem Computer allein sind, bestenfalls unterbrochen von häuslichen Pflichten. Geradezu klassisch ist die Einsamkeit des Doktoranden, der in dem Gefühl arbeitet, niemand, nicht einmal sein Doktorvater, verstehe, in welchen nie gedachten Verästelungen menschlichen Denkens er tagtäglich schuften muss.

Wer allein arbeitet, hungert mitunter regelrecht nach sozialen Kontakten. Auch wer wochenlang allein ein Containerschiff über den Ozean steuert und die Weite und Gleichförmigkeit der Erde ständig um sich hat, weiß, wie Alleinsein schmeckt. Nachtarbeiter wissen es, die in den frühen Morgenstunden in Krankenhäusern Verunglückte operieren, Taxifahrer und Bäcker auch. Rundfunkmitarbeiter wissen es, die nächtens allein Sendungen fahren, wenn alle anderen schlafen, und nicht zuletzt Eltern schlafloser Kinder, die ihre letzten Kraftreserven aufbrauchen.

Was passiert, wenn man den bei dieser Arbeit entstehenden und zurückgestellten Hunger nach Kontakt, Anregung und Austausch nicht irgendwann befriedigen kann?

»Ist sowieso egal«, sagt man sich dann. »Ich brauche ohnehin nichts.« Damit kreist man noch tiefer in eine Spirale hinein, an deren Ende Überlastung und völlige Erschöpfung stehen.

Die Belohnungen organisieren

Ganz egal ob Sie alleine zu Hause oder in einem Großraumbüro arbeiten – Sie sollten nicht nur auf regelmäßige Pausen achten, sondern sich schon vorher Belohnungen überlegen, die Sie sich nach dem Absolvieren einer bestimmten Durststrecke zubilligen. Das kann ein schöner Abend mit Freunden sein, eine Kino- oder Theatervorstellung, ein Gang in die Kneipe oder zu einem Treffpunkt mit Freunden. Ein Koch-Hauskreis, ein Single-Tanztreff, ein Sprachkurs einmal pro Woche, wöchentliches Chorsingen oder ein selbst organisierter Literaturkreis – all dies sind Möglichkeiten, sich am Ende des Tages durch schöne Highlights zu belohnen. Eine Unternehmung mit der Familie, eine Überraschung für die Kinder oder ein völlig verrücktes Spiel – all das ist Futter für Ihre ausgehungerte Seele, die nach sozialen Kontakten lechzt. Das Maß dafür ist für jeden anders. Ein Filmstar braucht vielleicht Hunderte von Fan-E-Mails in der Woche, wo einem Chemiker die jährliche Anerkennung einer Koryphäe dasselbe bedeutet. Ordensschwestern treten mit einem morgendlichen Frühgebet in spirituellen Kontakt zu ihrem Schöpfer: In jedem Fall wird »das Rückenmark gestreichelt«. Unsere tiefsten Bedürfnisse nach Anerkennung und Zuwendung bekommen dadurch Nahrung.

Planen Sie Ihre Tagesbelohnungen

Schreiben Sie drei Möglichkeiten auf, sich im Verlauf eines Tages zu verwöhnen:

1. _____

2. _____

3. _____

Manchmal ist es wichtig, dass man diese »unproduktiven« Streicheleinheiten tatsächlich aufschreibt. Sie werden dadurch real. Und sie sind wichtig. Kein Mensch kann rund um die Uhr für andere da sein, ohne Energie aufzutanken.

➤ So regelmäßig, wie Sie Mahlzeiten benötigen, brauchen Sie auch innere Zuwendung und Belohnungen. Daher sollten Sie mindestens drei Belohnungen, über den Tag verteilt, verbindlich in Ihre Planung mit aufnehmen.

Planen Sie Ihre
Wochenbelohnungen

Sie brauchen aber auch größere Belohnungen nach größeren Zeitabschnitten, so wie Sie nach sechs Arbeitstagen einen Sonntag benötigen.

Notieren Sie drei verschiedene Formen einer Wochenbelohnung, die Ihnen gut tut.

1. _____

2. _____

3. _____

➤ Planen Sie auch die in Ihr Arbeitsprogramm mit ein. Abwechslung ist dabei viel wert, und doch hat man mitunter keine Energie mehr, seine Freizeit abwechslungsreich zu gestalten. Dann ist das Wochenende gekommen, und man vertrödelt diese kostbare Zeit, wo man mit ein wenig Planung einen schönen Ausflug oder einen lang anstehenden Kontakt zu lieben Menschen hätte organisieren können.

Planen Sie Ihre
Jahresbelohnungen

Dass Sie im Jahr ein-, zwei- oder auch dreimal in Urlaub fahren, ist nicht unbedingt eine Garantie für eine gute Erholung. Viele Menschen ersetzen im Urlaub eine Art von Stress durch eine andere. Man kann sich auch eine andere Form von Belohnung für das Erreichen eines bestimmten Ziels überlegen. Lassen Sie sich eine Weile in Ruhe die Frage durch den Kopf gehen, wofür Sie sich als Nächstes belohnen wollen. Welches große oder größere Werk liegt noch vor Ihnen, für dessen Abschluss Sie sich etwas Schönes gönnen? Welcher Anlass ist gegeben? Belohnungen aus einem bestimmten Anlass sind viel schöner! Was wäre Weihnachten ohne das schier unerträgliche Warten auf diesen Tag? Was ist eine Belohnung ohne den Lauf durch die Zielgerade?

Wofür werden Sie sich im Verlauf des vor Ihnen liegenden Jahres belohnen? Notieren Sie drei größere Anlässe.

1. _____

2. _____

3. _____

Notieren Sie drei verschiedene Formen einer Jahresbelohnung, die Ihnen gut tut.

1. _____

2. _____

3. _____

Essen:
Ohne Saft keine Kraft

Es ist eine ernährungsphysiologische Tatsache, dass wir belastbarer sind, wenn wir regelmäßig Nahrung zu uns nehmen.

Sie haben vielleicht schon einmal erlebt, dass Sie wie ein Uhrwerk funktionieren, wenn morgens jeden Tag zu einer bestimmten Zeit das Frühstück serviert wird, mittags Punkt zwölf Uhr ein schmackhaftes

Menü auf Sie wartet und am Nachmittag bei einer kurzen Kaffeepause der Kuchen bereitsteht. Geht abends der Tag mit einer schönen Mahlzeit, möglichst in geselliger Runde, zu Ende, leitet das entweder den »gemütlichen Teil« des Tages ein oder gibt Ihnen Kraft für eine zusätzliche Arbeitsperiode.

Wenn dieser Rhythmus durch die Gewohnheiten am Arbeitsplatz vorgegeben ist, gönnt man sich das Vergnügen eines geregelten Wechsels von Mahlzeiten und Arbeiten gern. Wer aber allein lebt, stellt rasch fest, dass es auch eine Anstrengung ist, ohne äußere Notwendigkeit nach der Uhr zu leben.

Wer seine Arbeits- und Lebensstruktur optimieren will, sollte sich daher die oben beschriebene Erfahrung zunutze machen und auf regelmäßige Mahlzeiten achten. Natürlich funktioniert der Körper auch bei unregelmäßiger Verköstigung, aber alles strengt mehr an, und das spritzige Überschäumen der Gedanken, das Sie vielleicht besonders suchen und brauchen, stellt sich schwerer ein, solange Ihr Stoffwechsel damit beschäftigt ist, den Zuckerspiegel im Blut konstant zu halten.

Sport:
Power und Spaß

Ebenso wie die Freizeitbelohnungen und die Mahlzeiten gehört Körperbewegung zu denjenigen Aspekten der Arbeit, die auf den ersten Blick unproduktiv scheinen: Sie bringen ja Ihr Werk nicht direkt voran.

Auf den zweiten jedoch sieht man den Merkspruch des lateinischen Dichters Juvenal *Mens sana in corpore sano,* »In einem gesunden Körper wohnt ein gesunder Verstand«, der sich auch frei umkehren lässt: »Mit Kopfschmerzen kein klarer Kopf« oder »Wer einen steifen Nacken hat, kann den Kopf nicht hochhalten« oder »Wem das Kreuz wehtut, nutzt der klügste Kopf nichts«.

Regelmäßige körperliche Bewegung ist so wichtig wie regelmäßige Mahlzeiten und regelmäßige Erquickungen der Seele. Und da Menschen mit Arbeitsblockaden sich oft jegliche Belohnung versagen, ist es auch in Hinblick auf Sport besser, verbindliche Gewohnheiten in der Wochenplanung zu verankern.

Wenn Sie mit Ihrer Arbeit im Verzug sind, wehren Sie vermutlich ab: »Sport? In meiner Situation? Im Moment leider ausgeschlossen! Vielleicht in einem Jahr! Und außerdem kann ich mich alleine sowieso nicht aufraffen.«

Sie werden sich aber wundern, wie schon zwanzig Minuten Sport pro Woche Ihr gesamtes Wohlbefinden verbessern. Wenn Sie nur einen einzigen Trainingstermin beim nächsten Sportverein um die Ecke belegen, hebt das auch Ihre geistige Leistungsfähigkeit. Gut sind z.B. Joggen, Radfahren oder Paddeln. Ideal ist eine Sportart, die zu zweit (Tanzen, Badminton, Tischtennis) oder in einer Gruppe ausgeübt wird (Volleyball, Fußball, Thai-Bo).

Bei diesen Sportarten grübelt man nicht lange herum. Der Ball kommt angeflogen und muss zurück. Man tobt sich aus. Man nimmt in der Gruppe immerzu Kontakt auf und tut etwas miteinander, ohne dass es ernst zugeht wie am Arbeitsplatz. Man flirtet ein wenig. Man kämpft gegen einen »Feind«. Man lässt Aggressionen ab, die sich auch körperlich aufgestaut haben. Man wechselt die Körperhaltung. Man lässt sich gehen. Mit einem Wort: Man fühlt sich prima.

All diese Sportarten erfordern keine große Vorbereitung. Man muss keine teure und komplizierte Ausrüstung besitzen, um teilnehmen zu können. Man braucht keine umfangreichen Vorkenntnisse.

Und wenn die beste Freundin oder der beste Freund nicht mitkommen will: Keine Sorge! Beim Sport trifft man genügend Gleichgesinnte. Da macht es auch nichts, wenn der/die Lebenspartner/in total unsportlich ist. Egal! Es geht allein um Sie.

Wem es schwer fällt, sich für etwas zu entscheiden, wird einfach mitgerissen. »Heute ist Dienstag. Da habe ich immer Training.« Schluss. Ende der Debatte. Und Sie bekommen Ihre Dosis »Pep«. So viel Zeit haben Sie auf jeden Fall.

Gönnen Sie sich Urlaub
und einen freien Tag
in der Woche

➤ Planen Sie in jeder Woche einen Tag ein, an dem Sie nicht erreichbar sind. Führen Sie unaufschiebbare dringende Gespräche so kurz wie möglich und terminieren Sie das Anliegen neu. Sagen Sie, dass Sie heute nicht erreichbar sind. Schämen Sie sich deswegen nicht. Sie haben die Pflicht, Ihren inneren Akku aufzuladen und wieder mit allen Sinnen zur Verfügung zu stehen.

> Johannes Bergmann, der eine eigene Setzerei und Druckerei betreibt, wurde nach einer Woche im Urlaub angerufen. Er musste wegen eines Wasserschadens in seiner Werkstatt sofort zurückkehren. Zum Glück war der Schaden geringer als befürchtet. Er nutzte die zweite Urlaubswoche, um in Ruhe einen Teil seiner Werkstatt aufzuräumen. Der Anrufbeantworter log freundlich, Johannes sei bis zum 22. in Urlaub, und endlich konnte er sich ohne schlechtes Gewissen der liegen gebliebenen Aufräumarbeit widmen. Dabei entdeckte er, wie einfach es gewesen war, nicht erreichbar zu sein.

➤ Gönnen Sie sich mindestens einen freien Tag pro Woche. Planen Sie, was Sie an diesem Tag Schönes unternehmen wollen.

Ich werde an meinen nächsten freien Tagen Folgendes tun:

1. _____

2. _____

3. _____

> Eine Bekannte von mir erzählte, sie hätte ab der kommenden Woche Urlaub und wolle verreisen. Als ich sie in dieser Woche auf der Straße traf, fragte ich sie verwundert, warum sie nicht wie geplant weggefahren sei.

> »Ich kann mich nicht entscheiden, wohin ich fahren soll«, klagte sie. In dem Dilemma der Entscheidungsunfähigkeit hatte sie sich dafür entschlossen, auf ihren Urlaub zu verzichten und anstehende Arbeiten zu Hause zu erledigen.

Mag sein, dass diese Bekannte in den daheim verbrachten Urlaubstagen ihre Wohnung piccobello aufgeräumt hat. Vielleicht aber war sie auch zu Hause unglücklich, weil sie in keinen Rhythmus mit ihrem Leben und ihrer Arbeit kam.

Als Faustregel gilt für Menschen mit einer angerauten Arbeitsstruktur die Empfehlung, sich im Urlaub den Freuden eines regelmäßigen Tagesablaufs hinzugeben. Mitunter »lernt« man, in einem Hotel von dienstbaren Geistern umsorgt, wieder die Bedeutsamkeit eines regelmäßigen Tagesablaufs kennen. Man spannt aus, überdenkt sein Leben und schmiedet frische Pläne. Man lernt neue Gegenden der Welt kennen und sieht sich selbst aus einer anderen Perspektive.

Auf einen Blick:
Warum Belohnungen?

- Weil Sie andernfalls in einen Erschöpfungszustand (Burn-out-Syndrom) geraten können.
- Weil Sie durch Belohnungen Ihren Energieakku aufladen.
- Weil Sie so in eine innere Bewegung geraten, die Ihre äußere Bewegung wieder ankurbelt.
- Weil Sie etwas Schönes erleben, das Ihnen Kraft gibt.
- Weil Sie keine Maschine sind und Arbeit, auch die schönste, nie alle menschlichen Bedürfnisse erfüllt.
- Weil Sie alle Ihre Sinne immer wieder beleben müssen.
- Weil jeder Mensch Schönheit, Musik, Bewegung, Nahrung und gute Gesellschaft braucht.
- Weil Sie nur so aus der Fülle des Lebens heraus arbeiten und sich nicht unter Zwang (= Strafarbeit) eine Leistung abpressen.

Strukturieren Sie
Ihr Lebensumfeld

> »Weil ich mir selbst völlig gleichgültig war, musste ich zu einem Trick greifen. Ich habe über den ganzen Tag verteilt Termine mit anderen Personen gemacht, an denen ich von meinem Arbeitsfortschritt berichten musste. Wenn diese Personen für mich da waren, konnte ich mich an die Absprachen halten. Denn es war ja wichtig, dass ich halte, was ich denen versprochen hatte. Das hat funktioniert. Bei mir selbst hat es überhaupt nicht mehr funktioniert. Denn ich war mir ja selbst total egal«, erzählt Silvia Bruder, Abteilungsleiterin.

In diesem Kapitel erfahren Sie, welche Strukturelemente Sie im Einzelnen verbessern können, damit Sie besser arbeiten. Durch Tipps und Tricks für Beruf und Lebensumfeld schaffen Sie zusätzlich feste Strukturen in Ihrem Leben, mithilfe derer Sie leichter arbeiten können.

Wie können Sie sich von anderen Menschen unterstützen lassen? Welche Funktionen übernehmen Freunde, Arbeitsplatz, Termine und Kontakte?

Wie wichtig Freunde sind

Bis Ihre Arbeitsstruktur durch und durch stabil ist, vergeht einige Zeit. Indessen versuchen die abwertenden »Stimmen« immer wieder, Sie von Ihrem Ziel abzubringen. »Ist nicht so wichtig, dass das heute fertig wird«, sagen sie. Oder sie kommen mit der Perfektionismus-Masche: »Das kannst du doch so nicht lassen! Mach alles noch einmal!«

Manchmal kann man sich aus eigener Kraft nicht dagegen wehren, auch wenn man im Stillen weiß, dass die »Stimmen« Unrecht haben. Dann muss man in seinem eigenen Leben Regie führen. Lassen Sie, wie ein guter Regisseur, Ihre Freunde sprechen! Bitten Sie um gezielte Hilfe, so wie Markus Frank:

Markus lebte während der schwierigen Endphase seines Studiums in einer Wohngemeinschaft mit seinem besten Freund und Studienkollegen. Dem las er allabendlich vor, was er tagsüber an seiner Magisterarbeit geschrieben hatte. Und schon die Vorfreude auf die abendliche Zusammenkunft spornte Markus oft an. Er berichtet:»Ich habe mir oft beim Schreiben vorgestellt, wie mein Freund bei bestimmten Stellen abends lachen würde, und das hat mir immer wieder Auftrieb gegeben. Mein Freund wäre auch enttäuscht gewesen, wenn ich ihm gesagt hätte: ›Du, heute konnte ich nichts arbeiten.‹ Andererseits hat er auch oft gesagt: ›Du musst jetzt mit diesem Arbeitsabschnitt aufhören. Lass das Literaturstudium, fang an zu schreiben.‹ Das hätte ich selbst gar nicht gemerkt. Dadurch konnte ich in meinem Stoff bleiben, und er sah alles mehr von außen. Das war mir eine große Hilfe. Er hat dadurch verhindert, dass ich mich verzettelte und meinen Zeitplan verlor.«

Praxis-Tipp

Feedback-Termine

Arrangieren Sie abendliche Treffs mit Freunden oder Bekannten, an denen Sie von Ihrem täglichen Arbeitsfortschritt berichten. So kann tagsüber kein Leerlauf entstehen. Die Arbeit *muss* voranschreiten, denn Sie haben ja eine abendliche Verpflichtung zum Vorzeigen.

Schaffen Sie sich ein Netzwerk

Schaffen Sie sich Kontakte zu Bekannten, mit denen Sie regelmäßig über Ihre Arbeit sprechen. Hören Sie auch Ihrerseits zu. Denken Sie daran, dass es den anderen belastet, nur die Helferrolle einzunehmen. Verfolgen Sie mit Interesse, welche Projekte Ihre Bekannten verwirklichen, wie sie arbeiten, welche Erfolge und Rückschläge sie erleiden. Fixieren Sie sich nicht auf eine einzelne Person, die alles verstehen soll, sondern denken Sie daran, dass Sie eine Persönlichkeit mit vielen verschiedenen Seiten sind. Betrachten Sie sich im anderen wie in einem Spiegel. Spiegeln Sie sich in vielen verschiedenen Menschen. Damit beugen Sie der Gefahr vor, dass Sie sich zu sehr an einen Menschen anpassen. Behalten Sie unbedingt Ihre Eigenständigkeit!

> Klaus-Peter Blum hat mehrere Firmen in Hamburg gegründet. Findige Ideen, ein Politologiestudium und sein Leitspruch »Vorteile für alle Beteiligten« haben zu einem erfolgreichen Firmenkonzept geführt: Er »verleiht« Arbeitslose an Firmen, die auf ihre Kosten öffentliche Räume pflegen lassen. In regelmäßigen Abständen – etwa alle drei bis vier Monate – geht er mit seinen Bekannten essen; er nimmt jeden einzeln »dran«. In diesen Zweiergesprächen berichtet er vom Fortgang seiner Firmen, von seinen Plänen und Kontakten, und er erzählt Anekdoten aus seinem Arbeitsleben. Seine Bekannten sind interessierte Zuhörer für seine Tipps und Tricks und erfahren, auch für ihre eigenen Projekte, welche Kontakte man suchen und pflegen kann. Umgekehrt berichten auch die Bekannten vom Fortgang ihrer eigenen Projekte und bringen Klaus-Peter Blum damit auf neue Ideen.

Aus Kontakten dieser Art kann man ein persönliches Netzwerk aufbauen. In einer Netzwerk-Struktur spiegeln Sie Ihre Person und Ihre Arbeit immer wieder, anders und neu. Denken Sie daran: Strukturen müssen auch gepflegt werden. Sie sind vergänglich. Durch ein stabiles Netzwerk verfestigen Sie die haltenden Strukturen.

Arbeiten Sie mit einem Coach

Wenn Sie so viele Verbesserungszonen für sich entdecken, dass Sie alleine zu viel Zeit und Energie benötigen, um wieder in den grünen Bereich zu kommen, brauchen Sie einen Coach. Das kann eine Person Ihres Vertrauens sein, möglicherweise ein Kollege, der Ihren Arbeitsbereich kennt. Einen professionellen und lizensierten Coach finden Sie z.B. unter www.coaching-datenbank.de oder www.eca-coach-finder.de. Ihm sollten Sie Ihre Situation schonungslos schildern und mit ihm herausfinden, warum es nicht weitergeht. Gehen Sie mit ihm die Fragen aus dem Test von Seite 11ff. durch (»Wie stabil ist meine Arbeitsstruktur?«).

Behandeln Sie besonders folgende Aspekte:

1. Habe ich meine Arbeit rechtzeitig begonnen?
2. Habe ich die benötigte Zeit richtig eingeschätzt?
3. Habe ich kontinuierlich gearbeitet?
4. Habe ich jedes Detail perfektionistisch behandelt?
5. Bin ich vielleicht oberflächlich über Wichtiges hinweggegangen, weil ich solch einen starken Widerwillen dagegen hatte?
6. Habe ich noch Zeit für Endkorrekturen?
7. Führe ich täglich eine Prioritätenliste (»Das Wichtigste?«)?
8. Arbeite ich nach meiner Prioritätenliste?

Nach diesen Richtlinien arbeiten Sie, bis Sie sich wieder in Ihren erfolgreichen Rhythmus eingependelt haben. Ihr Coach überblickt dabei Ihren Aufgabenbereich und erkennt Ihre momentane Position innerhalb Ihres Projekts. Er gibt Ihnen Rückmeldung darüber, ob Sie das Tempo anziehen oder drosseln müssen.

Bleiben Sie in engem Kontakt

Wenn Sie absehen, dass Ihr Projekt zu scheitern droht, organisieren Sie die Hilfe rechtzeitig. Gestehen Sie sich ein, wenn Ihnen die Felle davonschwimmen, und unternehmen Sie beizeiten etwas. Verkürzen Sie die Zeiten, in denen Sie Ihre Ergebnisse vortragen. Wenn Sie vorher monatlich Ihre Zwischenergebnisse referiert haben, tragen Sie sie jetzt wöchentlich vor. Wenn Sie wöchentlich vortrugen, referieren Sie zweimal pro Woche. Schaffen Sie sich Zieltermine, die Sie unbedingt einhalten müssen.

Stecken Sie in einer kritischen Situation auf keinen Fall den Kopf in den Sand. Melden Sie sich bei Ihrem Arbeitgeber, Auftraggeber oder Prüfungsbeauftragten. Machen Sie sich nicht schlecht, und berichten Sie nicht mehr Leuten als nötig von Ihren Arbeitsschwierigkeiten, aber sagen Sie Bescheid, wenn Sie absehen, dass Sie Termine nicht halten können.

Halten Sie Ordnung

Sprüche wie »Ordnung ist das halbe Leben« stoßen einem kräftig moralinsauer auf. Sie wecken Assoziationen an brüllende Lehrer oder spießige Tanten, an Nachsitzen, schlechte Noten und Freudlosigkeit. Aber Ordnung hat auch eine andere Seite.

> Stefanie Hartmann war auf Urlaub gefahren und hatte ihre laufenden Projekte nicht abgeschlossen. Auf ihrem Schreibtisch in der Firma stapelten sich viele Papierhaufen. Offensichtlich wechselten wichtige mit unwichtigen Papieren in lockerer Abfolge. Während ihrer Abwesenheit entstand wegen eines Projektes eine brenzlige Situation. Eine Kollegin musste dringend benötigte Seiten finden. Im Leitz-Ordner zu ihrem Projekt fand sich nichts. An ihren Computer konnte keiner gehen, weil sie niemandem ihr Passwort mitgeteilt hatte. Also suchte die Kollegin auf gut Glück in Stefanies Haufen herum. Fünf Stunden später hatte sie zufällig das benötigte Schriftstück gefunden.

- Wenn Sie wollen, dass auch andere Menschen im Notfall sich in Ihren Sachen zurechtfinden,
- wenn Sie für einen Arbeitgeber in einer Firma tätig sind und dessen Projekte betreuen,
- oder wenn Sie sich gar einen Arbeitsbereich mit einem Kollegen teilen: Halten Sie schon den anderen zuliebe Ordnung.

Stapeln Sie keine Unterlagen zu offenen Vorgängen. Der Suchaufwand (auch für die Kollegen!) wird zu groß. Außerdem werden Sie dann die Sorge nicht los, dass sich in den Stapeln vielleicht Dringendes verbirgt und vergessen wird.

Ordnen Sie jedes eingehende Stück Papier. Geben Sie jedem seinen Platz. So erkennen Sie die Strukturen, die Sie selbst geschaffen haben.

Räumen Sie ab und zu ganz konsequent auf. Misten Sie aus nach den Punkten

- Was ist erledigt?
- Was ist verjährt?
- Was brauche ich nicht mehr?

Oft entsteht Unordnung, weil zu viele zbV-Ecken existieren. zbV heißt *zur besonderen Verwendung*. Das ist ein schöner Ausdruck dafür, dass Sie eigentlich nicht wissen, was Sie mit dem betreffenden Ding machen wollen, aber meinen, eines Tages könnten Sie es vielleicht noch mal gebrauchen. Nun erfordert sicherlich fast jeder Beruf, dass man mitunter an etwas festhält, das man noch nicht verwerten kann. Wenn man es aber mehr als zehn Jahre nicht berührt hat, wird man es möglicherweise auch in Zukunft nicht verwenden.

Ordnung ist also die Spur davon, wie Sie in der Vergangenheit gehandelt haben.

➤ Halten Sie auch in der Gegenwart Ordnung in Ihrem Handeln. Vergleichen Sie keine Rechnungsbeträge, während sie telefonieren. So vermeiden Sie Flüchtigkeitsfehler.

Beherrschen Sie Ihr Arbeitsmaterial

Wer gut mit dem Computer umgehen kann, kann sich unglaublich viel Zeit und Arbeit ersparen. Beinahe jeder Arbeitsgang lässt sich mit dem Computer vereinfachen. Ähnliche Arbeitsgänge lassen sich so zusammenfassen, dass nur die Änderung vom ersten zum zweiten eingegeben werden muss. Standardformulare und Serienbrieffunktionen können Ihnen Tausende von Arbeitsstunden ersparen.

Wer hier Hilfe benötigt, sollte möglichst einen auf seine Bedürfnisse zugeschnittenen Kurs besuchen. Sinnvoll ist es auch, erfahrene Kollegen zu befragen, die oft gute Tipps auf Lager haben. So muss man sich nur immer einen Befehl zur Zeit merken und noch dazu denjenigen, den man gerade benötigt. Und man baut auch auf diese Weise einen großen Erfahrungsschatz auf.

Natürlich steht das meiste auch in den Handbüchern. Aber es gibt sehr viele Menschen (ich gehöre auch dazu), die nur äußerst selten zum Handbuch greifen. Es ist einfach viel netter, mit jemandem zu reden.

Beherrschen Sie das Zehnfingersystem an der Computertastatur? Zugegeben, Millionen von Computernutzern, vor allem Männer, haben ein bewundernswert flottes System entwickelt, mit dem sie ihre Texte in die Tastatur hacken. Es geht aber auch viel müheloser. Nur einfach hinsetzen, den Text denken, und schon schreiben die Finger quasi automatisch. Wer viel tippt, kann sich zusammenzählen, wie viele Arbeitsjahre er im Lauf seines Berufslebens sparen würde, wenn er nur effizient getippt hätte.

In den USA gehört das Erlernen des Zehnfinger-Blind-Schreibens übrigens zu den Standardfächern der Schulkinder. Ein Teenager, der nicht perfekt tippen kann, würde sich vor allen Kumpels lächerlich machen. In unseren Breiten gilt es eher als schick, so grotesk verrenkt wie möglich an der Tastatur zu sitzen.

Definieren Sie Ihren Arbeitsauftrag genau

In welcher Firma gibt es das nicht? Ihr Chef steht in der Tür und brummt: »Was machen Sie da eigentlich den ganzen Tag? Hören Sie mal damit auf und machen Sie jetzt (nuschel nuschel nuschel). Das ist jetzt viel wichtiger. Haben Sie mich verstanden?«

»Ja«, murmeln Sie und senken den Blick. Nach einem knappen »Na, das will ich aber auch meinen. Und machen Sie schnell!« verschwindet der Chef wieder und lässt Sie allein.

Da hat er etwas Schönes angerichtet. Das Projekt, mit dem Sie seit zwei Wochen befasst sind und das Sie sogar mit nach Hause genommen haben, hat er überhaupt nicht gewürdigt. Stattdessen sollen Sie nun etwas anderes machen. Hauptsache, etwas anderes. Sie sind verärgert. Sie sind gekränkt. Sie haben überhaupt keine Lust, noch irgendetwas für diesen Chef zu erledigen. Und was er sich nun wieder hat einfallen lassen, mögen die Götter wissen. Hauptsache, Sie machen es schnell. Sie beschließen zum fünfzigsten Mal zu kündigen.

Aber was hat er nur gesagt? Was sollen Sie tun? Wenn er wenigstens deutlich sprechen würde! Na, egal. Wenn er jetzt reinkommt, soll er Sie schon eifrig bei der Arbeit antreffen. Und so fangen Sie an. Sie wissen zwar nicht genau, was Sie tun sollen. Um genau zu sein: Sie wissen überhaupt nicht, was Sie tun sollen, aber Hauptsache, Sie fangen an, und Hauptsache, es geht schnell. So ist das ja immer hier in diesem Laden.

Dieses Auftragsmuster existiert in sehr vielen Firmen. Aus Angst, sich eine Blöße zu geben, fragt man nicht nach.

In einer solchen Arbeitskonstellation hilft nur Klarheit schaffen. Fragen Sie:

- Was soll ich machen?
- Wie stellen Sie sich das genau vor?
- Was ist das Ziel?
- Bis wann soll ich das erledigen?
- Reicht es, wenn ich morgen damit anfange? Ich möchte erst noch meine jetzige Arbeit beenden.
- Mit wem kann ich zusammenarbeiten?
- Was darf es maximal kosten?

Häufig ist auch dieser Fall: Eine Kollegin kommt in Ihr Büro: »Kannst du das bitte ganz schnell für mich fertig machen? Ich brauche die Informationen bis morgen, und du bist die Einzige, die sich damit auskennt.« Sie fühlen sich geehrt und gebraucht und lassen eine andere eilige Arbeit dafür liegen. Am übernächsten Tag kommt die Kollegin wieder an: »Hast du meine Informationen fertig?« Sie antworten erstaunt: »Das hatte ich doch schon gestern gemacht, wie du mich gebeten hattest. Es war doch brandeilig.«

Aber die Kollegin lächelt nur. Sie handelt immer nach der Devise: Wenn ich sage, ich brauche es für morgen, bekomme ich es für übermorgen gerade pünktlich.

Und Sie haben wieder etwas dazugelernt. Das nächste Mal sind Sie schlauer. Bei dieser Kollegin können Sie grundsätzlich einen Tag Pufferzeit einrechnen.

Praxis-Tipp

Terminkontrolle

Prüfen Sie, wie eilig ein Arbeitsauftrag wirklich ist. Gibt es eine Pufferzeit?

Richten Sie
Arbeitsgruppen ein

Wenn eine schwierige Situation auf Sie zukommt, vor der Sie Angst haben, und wenn Sie zu scheitern drohen, weil Sie allein nicht fertig werden, rufen Sie ein paar Leute an und bauen Sie eine Arbeitsgruppe auf. Auch damit strukturieren Sie Ihr soziales Umfeld. Arbeiten Sie eventuell mit jemandem zusammen (oder neben jemandem her). Ideal ist, wenn die anderen von einer ähnlichen Situation betroffen sind.

Üben Sie kritische Situationen
im Rollenspiel

Auf viele kritische Situationen (Abschlussprüfungen, Einstellungsgespräche) im Arbeitsleben kann man sich durch Rollenspiele gut vorbereiten. »Rollenspiel« bedeutet, dass Sie mithilfe von einem oder mehreren Partnern die bevorstehende Situation schon einmal durchspielen. Die echte Situation ist dann für Sie nur noch eine Wiederholung des bereits Gesagten und Getanen.

Solche Rollenspiele können Sie mit den einfachsten Mitteln durchführen. Auf der simpelsten Ebene genügt es, wenn Sie sich mit jemandem an den Tisch setzen und ihm seine Rolle zuweisen: »Du bist der Prüfer. Du stellst mir die hier aufgelisteten Fragen.« Dann stellen Sie die Küchenuhr auf fünfzehn Minuten, und los geht das Frage-Antwort-Spiel.

Sehr gut ist es, wenn Sie eine Gruppe von Betroffenen bilden. Vier bis sechs Personen sind ideal. Miteinander spielen Sie sämtliche kritischen Situation einmal durch: Zwei führen die kritische »Szene« auf, und die anderen achten darauf, wie die dargestellte Situation auf sie wirkt.

Hier sind ein paar Beispiele für Situationen, auf die Sie sich mit einem Rollenspiel praktisch vorbereiten können:

- Mündliche Abitur-, Gesellen-, Abschlussprüfung
- Seminarvorträge, zum Beispiel ein Referat
- Mündliche Prüfung am Ende einer Berufsausbildung
- Examensprüfung in vollem Umfang von bis zu zwei Stunden
- Plädoyer vor Gericht (für Juristen)
- Gerichtsaussage
- Beerdigung (für Theologen)
- Einzelne Abschnitte einer Abschluss- oder Examensprüfung
- Verhandlung über ein Honorar bzw. eine Gehaltserhöhung
- Power-Point-Präsentation

Nehmen Sie den anrollenden
Termin zur Kenntnis

> Sam Hamilton sah sein mündliches Examen auf sich zurollen wie das
> Reh nachts auf der Straße im Scheinwerferlicht den LKW. Stocksteif
> wartete er auf die tödliche Ohrfeige. Die erhielt er dann auch. Sam be-
> ging einen typischen Fehler von Menschen, die Angst vor einer Prüfung
> haben: Er handelte aus lauter Angst vor der kommenden Situation gar
> nicht mehr. Er hätte drei Wochen Zeit gehabt, sich darauf vorzuberei-
> ten, aber er saß von morgens bis abends am Schreibtisch und dachte:
> »Bald kommt die Prüfung, bald kommt die Prüfung, und ich weiß über-
> haupt nichts ...« In der Prüfung selbst hatte er eine totale Blockade. Er
> sagte kein Wort und fiel durch.

Hätte Sam sich mit anderen Kommilitonen zu einer Examens-Ar-
beitsgruppe zusammengeschlossen, hätte er die bevorstehende Prüfung nicht so einfach ausblenden können. Alle hätten etwa zur selben
Zeit ihre Prüfungstermine gehabt, und Sam hätte das bevorstehende
Ereignis zur Kenntnis nehmen müssen.

Im Rollenspiel hätte er sein Versagen ein erstes Mal erlebt. Dann
hätte er noch drei Wochen Zeit gehabt zum Lernen. Er hätte systematisch sein Wissen aufbereiten können, um es in der Prüfung zum Besten zu geben.

➤ Erstarren Sie nicht aus Angst vor kritischen Situationen. Teilen Sie
Ihre Angst mit anderen, und handeln Sie sinnvoll.

Denkhemmungen ausschalten
durch »steuernde Partner«

Eine festgefahrene Arbeitssituation kann auch durch Freunde, Bekannte, Mitbewohner und Familienangehörige wieder in Gang kommen. Die anderen sind dann so genannte »steuernde Partner«, die einen durch ihre bloße Anwesenheit stabilisieren, selbst wenn sie

nichts oder nur wenig aktiv tun. Mitunter müssen sie ständig anwesend sein, manchmal genügt ein abendlicher Rapport, manchmal reicht der wöchentliche Treff in der Arbeitsgruppe.

> Der Naturwissenschaftler Alfons Nitzsche, Leiter eines naturwissenschaftlichen Forschungsinstituts, konnte zu Hause nur arbeiten, wenn er wusste, dass seine Frau im Nebenzimmer saß und strickte. Die Frau verstand von seinem Arbeitsgebiet nichts. Ihre reine Anwesenheit genügte ihm, dass er seine Ruhe fand und die Gedanken sammeln konnte. Obwohl er sie bei der Arbeit nicht sah, war seine Lebenspartnerin ihm als »steuernde Partnerin« unentbehrlich.

In Partnerschaften wie diesen liegt offenbar auch das Geheimnis vieler »Bratkartoffelverhältnisse« und die Antwort auf die Frage, weshalb viele scheinbar zerrüttete Ehen über Jahre und Jahrzehnte aufrechterhalten werden: Die haltenden Strukturen können nämlich über die erotische Bindung hinaus noch lange funktionieren. Wird dann eine solche Ehe trotzdem getrennt, stürzt das einen der Partner mitunter in völlige Haltlosigkeit, weil er zugleich den »steuernden Partner« und täglichen Impulsgeber seiner Lebensfunktionen verloren hat.

Bei vielen Menschen (oft Singles) übernehmen Fremde die Rolle eines »steuernden Partners«, vielleicht sogar, ohne es zu wissen: Dann nämlich, wenn der Betreffende nur in Bibliotheken, im Intercity oder im Flugzeug arbeiten kann, also die betriebsame und kollegiale Atmosphäre braucht, die andere Menschen verbreiten. Wichtig ist, dass die anderen Menschen auch gerade konzentriert ein eigenes Ziel verfolgen.

> Die Autorin Joanne K. Rowling schrieb ihre Harry-Potter-Bücher ausschließlich in einem Café, in dem sie für die Dauer des Schreibens quasi ihr Arbeitsquartier bezog. So hatte sie keine Unterbrechung, wenn sie etwas zu essen oder zu trinken brauchte, und fühlte sich nicht zu Hause isoliert, wo ihr hundert andere wichtige Aufgaben sagten, dass sie eigentlich keine Zeit hätte, Bücher zu schreiben. Im Café war sie unter Menschen, als ob sie in einem beliebigen Job unter Kollegen gewesen wäre. Diese anderen Menschen übernahmen für Joanne K. Rowling, ohne es zu wissen, die Funktion von steuernden Partnern.

Warum funktioniert diese Maßnahme? Die Anwesenheit eines »steuernden Partners« lindert die unbewusste Angst davor, durch die Arbeit etwas Unerlaubtes zu tun. Dieses Unerlaubte kann auch eine zu große Eigenständigkeit sein, vor der die Eltern in der Kindheit immer gewarnt haben. Wird nun ein neuer, »guter Elternteil« im Leben installiert, der das alte Verbot nach Selbstständigkeit aufhebt, können die Betroffenen wie befreit losarbeiten.

Mit diesem Trick kann man seine inneren Blockaden ausschalten.

> Joanne K. Rowling hatte in dem Café einen Rahmen für ihre Arbeit: Man erwartete ihre regelmäßige Anwesenheit. Man kochte ihre Lieblingsspeise. Und was sie genau arbeitete, interessierte zunächst niemanden. Sie war noch kein VIP, sie war eher ein Freak, eine Exzentrikerin, für die Engländer traditionell großes Verständnis aufbringen. Im Café hatte sie eine geordnete Zeitstruktur. Sie hatte lange, ungestörte Arbeitsabschnitte und regelmäßige Verpflegung. Dadurch ging es ihr körperlich gut. So konnten mögliche seelische Störmaßnahmen gar nicht erst auftreten. Sie arbeitete ihren großen Plan aus und setzte ihn um.

Wer seine Arbeitshemmungen selbst regulieren kann und wessen Arbeitsfeld diese Maßnahme erlaubt, kann Frau Rowlings Methode ruhig mit eigenen »steuernden Partnern« kopieren. Der Erfolg stellt sich dann ein, wenn man einen produktiven Arbeitsrhythmus gefunden hat und beibehalten kann: Dann hält die Arbeitsstruktur auch den Arbeitenden selbst.

Viele Menschen haben noch nie im Leben einen solchen Partner gehabt, der ihnen die Eigenständigkeit lässt, sich gut zu entwickeln, und ihren regelmäßigen Lebensrhythmus überwacht. Wenn sie das aber erst einmal erlebt haben, jenes wohltuende, kooperative Miteinander, in dem bei aller Fürsorglichkeit genügend Distanz herrscht, können sie es auch als feste Struktur in ihrem Leben verankern – sei es mit »steuernden Partnern« oder ohne.

Auf einen Blick:
Mit diesen Strukturelementen
schaffen Sie Effizienz
und Entlastung

- Soziale Einbettung: Freunde, Bekannte, Mitbewohner und Verwandte können haltende Funktionen übernehmen, wenn sie zu bestimmten Zeiten bestimmte Lebensaufgaben überwachen oder fragend begleiten.
- Rückmeldung des Arbeitsfortschritts: Installieren Sie über den Tag oder die Woche verteilt »Rückmeldestationen«, bei denen Sie Ihren Arbeitsfortschritt vortragen müssen.
- Netzwerk befreundeter Experten: Schaffen Sie sich ein »Netzwerk« aus Freunden und Bekannten, mit denen Sie regelmäßig Zwiegespräche über Ihre Arbeit führen.
- Nahrungsaufnahme: Installieren Sie die »Notwendigkeit«, regelmäßig gut und gesund zu essen, etwa durch Frühstückstreffs, gemeinsame Mittag- oder Abendessen. Diese Funktion kann natürlich auch die Familie erfüllen.
- Ordnung: Hinterlassen Sie jeden Arbeitsgang übersichtlich – für Sie selbst und für andere.
- Kritische Situationen entlasten: Spielen Sie schwierige und belastende Situationen im Rollenspiel vorher durch und entlasten Sie so die Lage, indem Sie sich daran gewöhnen.
- Kompetenz: Überlassen Sie so viel Routinearbeit wie möglich Ihrem Computer. Benutzen Sie Abkürzungsbefehle. Tippen Sie blind.
- Arbeitsumfang: Fragen Sie genau nach, was Sie tun sollen und bis wann.
- Steuernde Partner: Finden Sie heraus, welche »steuernden Partner« Ihnen – eventuell für eine Übergangszeit – das Einhalten eines verlässlichen Arbeitsrhythmus erleichtern. Treffen Sie mit diesen Personen Absprachen.

Bleiben Sie
in Ihrem Rhythmus

Jede gelungene Tätigkeit hat einen erkennbaren Rhythmus. Gute Arbeit ist fast immer auch regelmäßige Arbeit. Wer in festem Rhythmus seine Tätigkeiten verrichtet, ungestört durch Ablenkungen, der legt nach einiger Zeit erstaunliche Entfernungen hinter sich.

Wenn der eigene Arbeitsrhythmus jedoch gestört ist, gerät man aus dem Tritt. Da war man gerade so gut »drin«, kam mit seiner Arbeit voran und schaffte richtig viel, als die Kollegin Marlene wieder in der Tür steht. Erste Frage: »Na?« (Ob ich dich vielleicht ein bisschen aus dem Tritt bringen kann?) Sie reagieren nicht, starren weiter auf Ihre Arbeit. Zweite Frage: »Kommst du gut voran?« (Jetzt muss ich offenbar etwas deutlicher werden: Ich will mit dir ein Schwätzchen halten. Hör auf zu arbeiten.) Sie nicken geistesabwesend: »Danke.« Dritte Frage: »Das muss aber eine wahnsinnig fesselnde Aufgabe sein.« (Ich bin beleidigt: Du willst also lieber auf diese blöden Papiere starren, als mit mir zu reden. Na warte!) Sie, kurz aufblickend: »Nee, weißt du, das nicht gerade. Aber ich muss es bis heute Abend fertig haben.« Vierte Frage: »...?« Solche Nervensägen gibt es in jedem Büro. Nichts gegen ein Schwätzchen, aber wenn der andere nach der zweiten Frage nicht gemerkt hat, wann ein guter Moment zum Klönen ist, muss man deutlicher werden.

Praxis-Tipp
. . . .
Dranbleiben, wenn's läuft

Lassen Sie sich nicht von den anderen Ihren Rhythmus diktieren. Arbeiten Sie so, wie es für Sie am besten ist. Brechen Sie ein Gesprächsangebot notfalls höflich, aber deutlich ab.

Wer einen festen Rhythmus in seiner Arbeit hat, nimmt sich auch die Entscheidung ab, ob er überhaupt mit der Arbeit beginnen will. Oft überlässt er anderen diesen Impuls: dem »Arbeitgeber«. Nun stelle man sich aber vor, freiwillig in einen festen Rhythmus zu geraten, nahezu »von allein«: Denn so erlebt man es ja, wenn man nicht mehr darüber nachdenkt und »alles wie von selbst« funktioniert. Der Tag öffnet sich, und man lässt sich hineingleiten in einen verlockenden Rhythmus, der einen ein Stück weiterträgt bei der Bewältigung der eigenen Lebensaufgaben.

Das ist ein Glücksgefühl.

Finden Sie
Ihre Tagesleistungskurve

Wenn Sie also den festen Anfang gefunden haben – wenn der Anker sich ins Tagesgeschehen festgeklinkt hat –, haben Sie schon den wichtigsten Teil Ihres Arbeitsrhythmus festgelegt. Von dort aus schwingt die Arbeit auf und ab. Sie kennen das: Zu bestimmten Zeiten wird man immer besonders wach, besonders müde, besonders eifrig oder besonders unruhig.

Auch das ist ein Rhythmus. Die Psychologen sprechen vom circadianen Rhythmus, der Leistungskurve während des gesamten Tages. Er ist bei jedem Menschen etwas anders, aber die meisten haben gegen zwei Uhr nachts das absolute Leistungstief erreicht. Und viele Menschen haben gegen elf Uhr vormittags und zwischen drei und vier Uhr nachmittags ein Leistungshoch.

Kennen Sie Ihre persönliche Leistungskurve während des Tages?

- Meine Bestform habe ich meist gegen ___ und gegen ___ Uhr.
- Gegen ___ und gegen ___ Uhr sackt meine Leistungsfähigkeit immer deutlich ab.
- Mein absolutes Leistungstief ist um ___ Uhr.

Worauf Sie achten können

➤ Verringern Sie die Zahl Ihrer Entscheidungen. Entscheidungen zu treffen kostet Energie. Wenn Sie jeden Morgen zur selben Zeit aufstehen, zur selben Zeit frühstücken und die Arbeit beginnen, ohne sich vorher die Frage nach dem Sinn des Lebens beantwortet zu haben, sparen Sie viel Kraft.

➤ Genießen Sie, wie Ihr Tagesrhythmus Sie trägt.

➤ Verteilen Sie Ihre Tagesaufgaben entsprechend Ihrer tagtäglichen Leistungskurve.

Bedenken: »Ich bin morgens noch nicht kreativ!«

Einen festen Tagesrhythmus einzurichten ist nicht so einfach wie das Umlegen eines Hebels. Seien Sie dagegen gewappnet, dass der teuflische kleine Mann im Ohr Ihnen eine Weile die verlockendsten Einwände bereithalten wird.

Einer davon lautet: »Ich würde ja jetzt gern mit der Arbeit anfangen. Aber ich fühle mich gerade überhaupt nicht kreativ!« Gerade dann ist ein fester Tagesrhythmus das beste Gegenmittel. Kreativität blüht nämlich ebenfalls unter bestimmten, immer wiederkehrenden Reizen auf. Studieren Sie, was Ihre Kreativität hervorruft.

Ich bin besonders kreativ, wenn ich ...

1. _____

2. _____

3. _____

Richten Sie Ihren Arbeitsrhythmus so ein, dass Sie gerade dann kreativ sind, wenn Sie kreativ sein *wollen*. Bereits nach ein bis zwei Tagen
werden Sie den Erfolg verspüren.

Praxis-Tipp

Nutzen Sie Ihren Rhythmus

Erledigen Sie nichts Nebensächliches in Topkonzentrationsform. Ver-
schieben Sie das Postöffnen, Routinekorrespondenz oder Kontaktpfle-
ge-Telefonate auf Phasen in Ihrer Tageskurve, in denen Ihre Aufmerksamkeit Ihrem Rhythmus entsprechend abgesunken ist.

> Thea Busch, eine freiberufliche Softwaredesignerin, kaufte sich einen
> Hund, um besser arbeiten zu können. Ihre Überlegung ging auf. Sie
> musste jeden Morgen um sieben mit dem Hund auf die Straße gehen.
> Sie musste nachmittags einen langen Spaziergang machen, und sie
> musste abends um 22 Uhr noch mal mit ihm raus. So bekam ihr Tag drei
> Fixpunkte, die sie nicht mehr verändern konnte. Ihr eigener Tages-
> rhythmus pendelte sich dazu ein. Gegen acht Uhr begann sie ihre Arbeit
> am Computer, und gegen zehn war sie besonders kreativ. Auch gegen 16
> Uhr hatte sie kreative Hochphasen. Bevor sie den Hund besaß, war sie
> morgens nicht recht in Gang gekommen, und ihre kreativen Phasen ka-
> men nicht so regelmäßig vor.

Man kann sagen, dass Theas Hund ihr Leben strukturierte und ihm
einen Rhythmus gab, durch den sie besser arbeiten konnte. In gewis-
ser Weise war der Hund auch zum »steuernden Partner« geworden.

Schneller oder
langsamer Rhythmus?

Bis Kollege Müller sich nur einmal um sich selbst gedreht hat, sind Sie
schon wahnsinnig geworden. Er macht alles im Schneckentempo! So
tranig … Da sind Sie ganz anders. Wenn Sie etwas anpacken, ist es im

Handumdrehen fertig. Von Ihnen könnte sich Müller mal eine Scheibe abschneiden. Dann würde er auch mit seiner Arbeit fertig. Er braucht ja für alles dreimal so lange wie Sie ...

Denken Sie das auch manchmal? Der Arbeitsrhythmus Ihres Kollegen ist völlig anders als Ihr eigener. Aber ist er deswegen schlechter? Möglicherweise baut der Kollege mit seiner etwas betulicheren Art in jede Tätigkeit auch gleich eine Erholungsphase mit ein. Dadurch arbeitet er zwar etwas länger, ist aber am Tagesende nicht so ausgepowert wie jemand, der immer in einem Affenzahn oder Mordstempo arbeitet. Solange Sie nicht Mitglieder desselben Opernensembles sind, kann es Ihnen eigentlich egal sein, wie schnell oder wie langsam der Arbeitsrhythmus des anderen ist.

Kennen Sie Ihren eigenen Rhythmus?

☐ Ich arbeite meistens in einem schnellen Rhythmus.

☐ Ich arbeite langsam, aber mit eingebauten Pausen, sodass ich sehr lange durchhalten kann.

☐ Mein Arbeitsrhythmus ist mal schnell, mal langsam. Er wechselt.

☐ Ich_____

Sagen Sie:
»Jetzt ist es fertig.«

Zu einem guten Rhythmus gehören nicht nur der Anfang und die Geschwindigkeit des Auf und Ab, sondern auch ein bewusstes Ende.

Ein Musiker, ein Bläser oder ein Streicher, der sein Instrument beherrscht, übt jeden Tag perfekte Tonbildung. Dazu gehört, dass er jeden einzelnen Ton sauber und »rund« abschließt. Und wie der Musiker den Abschluss eines jeden Tones perfektioniert, können Sie jede Untereinheit, jede einzelne Aufgabe bewusst abschließen. »Jetzt ist es fertig.« Diese Entscheidung fällt vielen sehr schwer.

Trainieren Sie, jeden Tag zu sagen: »Jetzt ist es fertig.« Beenden Sie alles, was Sie angefangen haben, bewusst. Je mehr Sie beenden, desto mehr erledigen Sie und desto eher erleben Sie Ihr *worker's high*. Dringen Sie so schnell wie möglich zum Kern vor und schließen Sie die Arbeit dann ab.

So schaffen Sie aus der Abfolge Ihrer erledigten Aufgaben einen weiteren Tagesrhythmus, der Sie trägt. Denn der Erfolg über eine gut gelöste Arbeit beflügelt Sie. Schließen Sie also gleich die nächste Aufgabe an, die Sie ebenso präzise erledigen.

Ihre Erfahrungen mit dem Arbeitsrhythmus:

- ☐ Ich arbeite am besten, wenn ich jeden Tag den gleichen Rhythmus einhalten kann.
- ☐ Ich arbeite gleichmäßig, aber immer abends oder nachts, am liebsten von ___ bis ___ Uhr.
- ☐ Es fällt mir schwer, von mir aus meinen Rhythmus einzuhalten. Ich arbeite besser in einem Team, wo alle zur selben Zeit aktiv sind.
- ☐ Wenn ich richtig loslege, bin ich für alle anderen viel zu schnell. Ich arbeite daher am besten in meinem eigenen Rhythmus.
- ☐ Ich arbeite länger und intensiver als andere. Das ist ein Rhythmus, der schlecht in eine Gruppe passt.
- ☐ Mein Arbeitsrhythmus hat folgende Vorteile:

_____

_____

- ☐ Mein Arbeitsrhythmus bringt mir folgende Nachteile:

_____

_____

Seien Sie pünktlich

Hanns-Ulrich Franke »passiert« es regelmäßig, dass er zu Terminen zu spät kommt. Nicht schlimm. Fünf bis zehn Minuten beim Elternabend. Zehn Minuten bei der Fachkonferenz im Lehrerzimmer. Fünf Minuten morgens im Unterricht, wenn es Stau gibt. Zu Theatervorstellungen erscheint er, wenn gerade die Türen geschlossen werden. Sonntags zur Kirche während des Orgelvorspiels. Nie ist er, nach seinen eigenen Worten, selbst dafür verantwortlich. »Es passiert immer einfach.« Obwohl Hanns-Ulrich Franke aktiv handelt, glaubt er, das alles nur passiv zu erleben. Dennoch ist sein Zuspätkommen nichts als eine Folge von Fehlleistungen.

Was ist eine »Fehlleistung«? Wir gebrauchen diesen Ausdruck häufig in unserer Alltagssprache. Fehlleistungen sind Handlungen, die man gegen seinen bewussten Willen herbeigeführt hat. Man fühlt sich für sie nicht verantwortlich.

- Man wollte nichts Falsches sagen – und plötzlich *erklang* das Falsche (aus dem eigenen Mund).
- Man wollte dieses Wort gar nicht schreiben – und plötzlich *stand* es da auf dem Papier.
- Man wollte ganz pünktlich sein – und plötzlich *war* es zu spät.

Welchen Sinn haben Fehlleistungen?

Fehlleistungen haben etwas mit dem kleinen Mann im Ohr zu tun. Sie *wollten* ja arbeiten, aber tief innen hatten Sie vielleicht Angst, was passieren würde, wenn Sie richtig drauflosgearbeitet hätten. Und der kleine Mann hat Ihnen wieder einmal dazwischengeredet. »Ist doch noch Zeit«, hat er gesagt, als längst keine Zeit mehr war.

Wenn Ihr Computer abstürzt und Sie die Daten von mehreren Tagen (Wochen? Monaten?!) verlieren, weil Sie keine abendliche Datensicherung gemacht haben, war das ein ärgerlicher Zufall. Oder haben Sie die Situation nicht doch durch Leichtsinn (»Wird schon gut gehen«) provoziert? Haben Sie gar durch einen falschen Befehl den Absturz selbst herbeigeführt?

Wenn morgens Ihr Wecker nicht klingelt, obgleich Sie einen wichtigen Termin haben, war das Zufall. Oder haben Sie am Abend vorher vergessen, ihn zu stellen?

Wenn die Frostperiode einsetzt und Sie morgens vor dem Termin noch die Windschutzscheibe Ihres Autos freikratzen müssen und dadurch Ihren Termin verpassen, war das höhere Gewalt. Oder waren Sie zu bequem, die Zeit zum Enteisen einzurechnen?

Fehlleistungen gehören zu den Rückschlägen im Arbeitsleben. Dazu erfahren Sie im nächsten Kapitel mehr. Fehlleistungen sind ärgerlich, aber wie alle Fehler sollte man sie einfach wieder ausbügeln und ihnen das nächste Mal zuvorkommen.

Zuspätkommen als Ausdruck von Widerwillen

Eine besonders ärgerliche Form von Fehlleistungen ist das Zuspätkommen. Wer zu spät kommt, drückt dem anderen gegenüber oft aus, dass er am liebsten gar nicht gekommen wäre. Gerade im 21. Jahrhundert gilt das Geschäftsprinzip des *Just in time*: Die gefragte Leistung muss auf den Punkt genau erbracht werden. Eine Stunde später ist sie vielleicht schon nicht mehr interessant oder sogar wertlos.

Trotzdem haben viele Menschen Schwierigkeiten damit, pünktlich zu sein. Andere unterscheiden zwischen solchen Terminen, bei denen sie unbedingt pünktlich sein müssen, und anderen, bei denen es »nicht so schlimm« ist.

Test: Wie pünktlich sind Sie?

	1 stimmt genau	2 stimmt oft	3 stimmt manch-mal	4 stimmt selten	5 stimmt gar nicht
Ich »gleite« gern möglichst spät morgens zur Arbeit – aber ich kann ja schließlich anfangen, wann ich will.					X
Gelegentlich verschwitze ich einen wichtigen Termin.				X	
Ich bin nicht direkt un-pünktlich; aber ich komme immer auf den allerletzten Drücker.				X	
Ich habe oft Schwierigkeiten, in letzer Sekunde einen Park-platz zu finden, und komme dadurch manchmal zu spät.					X
Ich bemerke manchmal erst in letzter Sekunde einen Fleck auf meiner Kleidung und muss mich dann noch einmal umziehen.				X	
Wenn ich zu spät losgefah-ren bin, denke ich: »Ich fahre halt ein bisschen schneller, dann bin ich trotzdem pünktlich.«			X		
Vor Terminen bin ich fast immer angespannt, beson-ders vor Verabredungen, auf die ich mich eigentlich freue.			X		
Ich unterscheide genau zwi-schen Terminen, bei denen ich auf die Sekunde pünkt-lich sein muss, und Termi-nen, wo ich den anderen warten lassen kann.					X

	1 stimmt genau	2 stimmt oft	3 stimmt manch- mal	4 stimmt selten	5 stimmt gar nicht
Das Gefühl, mit einem Zeit-puffer vor dem Termin in Ruhe angekommen zu sein, kenne ich eigentlich nicht.					X
Ich stelle vor einem wichti-gen Termin oft zu spät fest, dass ich die Schuhe nicht geputzt habe.			X		
Ihre Punktzahl:			9	12	20

41

Zählen Sie Ihre Punkte zusammen. Wenn Sie weniger als 20 Punkte haben, sind Sie ein Zuspätkommer und sollten das folgende Kapitel aufmerksam lesen.

Gegen den eigenen Willen
zu spät kommen

Manche Menschen kommen ständig zu spät, obgleich ihnen das sehr peinlich ist. Dennoch sehen sie sich nicht in der Lage, diese »schlechte Angewohnheit« abzustellen. Wer zu spät kommt, schätzt oft die benötigte Zeit falsch ein. Man hat sehr wohl den Termin im Auge, »vergisst« dann aber Kleinigkeiten, die einen in letzter Minute aufhalten:

- das Umziehen vor dem Geschäftsessen (Schminken bzw. Rasieren; Schuheputzen; Flecken auf der Kleidung entfernen),
- das Bereithalten aller Unterlagen (plötzlich ist der wichtigste Ordner verschwunden),
- letzte Reisevorbereitungen (Ticket, Ausweis, Arbeitsunterlagen, Kleidung bereithalten)
- die bekannte Baustelle auf der Hauptstraße unterwegs zum Termin, die zu einem erheblichen Umweg führt.

Dies alles sind »Fehlleistungen«. Fehlleistungen begeht man nicht bewusst, sondern sie sind Ausdruck einer unbewussten Absicht. In diese Kategorie gehören auch Versprecher: Wenn also jemand »Darf ich Sie begleitigen« sagt statt »Darf ich Sie begleiten«, drückt er damit seine unbewusste Absicht aus, Sie tatsächlich zu »beleidigen«.

Jeder kennt Beispiele für solche Fehlleistungen. Das Verlesen, Verschreiben und Versprechen gehören dazu. Niemand begeht sie freiwillig und mit Absicht. Das ist gerade ihr Erkennungsmerkmal.

In diese Reihe nun gehört auch das Zuspätkommen. Es besagt: Unbewusst sträubt sich etwas in einem gegen das Pünktlichsein. Da ist wieder ein leiser Souffleur, der einem weismachen will:

- »Es ist ja noch Zeit.«
- »Das schaffst du schon noch.«
- »Ist nicht so schlimm, wenn du etwas später kommst.«
- »Du kannst ja sagen, du bist aufgehalten worden.«
- »Du kannst doch nichts für den Stau.«
- »Bei denen kommt es sowieso nicht so darauf an.«
- »Du hast doch noch zwei Wochen Zeit.«

Welche »falschen Botschaften« haben Sie in Ihrem inneren Ohr gehört, als Sie die letzten Male zu spät kamen?

1. _____

2. _____

3. _____

Welche »richtigen Botschaften« könnten Sie Ihrem inneren Ohr stattdessen eingeben, wenn wieder ein Zuspätkommen droht?

1. _____

2. _____

3. _____

Gründe für das Zuspätkommen –
und wie Sie
gegensteuern können

Warum also kommt man zu spät, obgleich man es nicht will?

- Vielleicht sind Sie körperlich und geistig erschöpft. In diesem Fall müssen Sie Ihr vernünftiges Ich stärken: Wer satt und zufrieden ist, wer – mit Zwischenbelohnungen – in stabilem Rhythmus arbeitet und sich seinem Ziel unaufhaltsam nähert, ist weniger anfällig für Verspätungen als ein Mensch mit unregelmäßigem Alltag. ➢ Lesen Sie noch einmal das Kapitel »Belohnungen«.

- Vielleicht sind Sie unkonzentriert? Haben Sie zu viel »auf dem Zettel«? ➢ Dann bereiten Sie sich gut vor, besonders auf Termine. Haken Sie eine Liste ab, die Sie vorher in Ruhe erstellt haben: Was brauche ich, was will ich, was muss geklärt werden, welche Unterlagen, Zahlen und Daten müssen vorliegen?

- Vielleicht empfinden Sie den Termin als »Strafe«. ➢ Lesen Sie, was unter dem Abschnitt »Strafarbeit« (Seite 55) stand.

- Vielleicht ist Ihr ständiges Zuspätkommen Ihr Markenzeichen. Man erwartet von Ihnen, dass Sie zu spät angehetzt kommen. »Aha, da kommt A, wie immer zu spät!«, sagen dann alle und schauen zu Ihnen. Man beachtet Sie. ➢ Versuchen Sie, Ihr »Markenzeichen« zu ändern. Ist das nicht vorteilhafter: »Aha, A ist auch schon da. Wie immer pünktlich und gut vorbereitet«?

- »Enthusiasten« unterschätzen oft den Arbeitsaufwand, den bestimmte Arbeitsvorgänge erfordern, und kommen deshalb zu spät von zu Hause oder von der Arbeit weg. ➤ Planen Sie ein dickes Zeitpolster ein, bis Pünktlichsein zur Gewohnheit geworden ist.

- »Einsiedler« verlieren sich leicht in ihrer Fantasie und »vergessen« Termine. ➤ Schauen Sie jeden Morgen in den Terminkalender.

- »Helfern« ist es oft peinlich, sich aus einer Begegnung mit anderen Menschen zu lösen. Sie beenden das Gespräch nicht rechtzeitig und kommen zu spät zur Verabredung. »Helfer« wollen am liebsten immer den zufrieden stellen, der gerade anwesend ist. ➤ Steuern Sie dem Impuls bewusst entgegen mit dem Satz »Ich habe meinen Termin um X Uhr. Der ist wichtig. Ich muss und kann dieses Gespräch jetzt beenden.«

- Die »glänzenden« Menschen, die gern im Mittelpunkt stehen, verzeihen es niemandem, wenn man sie warten lässt. Wie kann ein anderer Mensch meine Zeit vergeuden?, denken sie empört. Dagegen macht es ihnen wenig aus, andere warten zu lassen, denn deren Zeit ist ihnen nicht wichtig. ➤ Denken Sie: »Ich erwarte von anderen Pünktlichkeit, also bin ich auch pünktlich.«

Pünktlichkeit ist Bestandteil einer verlässlichen Arbeitsstruktur. Seien Sie bei allen privaten und beruflichen Kontakten pünktlich. Pünktlichkeit ist eins jener Elemente, deren Struktur Ihre Arbeit und Sie selbst hält.

Bewältigen Sie
Rückschläge

»Eine Weile konnte ich bei der Bank gut arbeiten. Dann hatte ich plötzlich einen Rückfall in meine alte Arbeitsblockade«, berichtet die Bankangestellte Charlotte Amann. »Das kam so: Mein Chef hatte mir einen umfangreichen Arbeitsauftrag gegeben. Es war keine konkrete Anweisung für etwas, das ich innerhalb eines Tages erledigen konnte, sondern ein großes Projekt. Und dabei bin ich einfach in Panik ausgebrochen. Ich habe wie wild aus dem Internet Texte zusammengesucht und Bücher gesammelt, mich da hineingelesen, aufgegeben, weil ich's nicht verstanden habe. In meiner Panik war mir gar nicht bewusst, dass ich an meinem Arbeitsplatz fast nichts mehr getan habe – bis ich es merkte und zu meinem Chef gesagt habe: ›Diese Arbeit kann ich so nicht machen. Ich brauche mehr Struktur. Ich brauche Aufgaben, die in kurzer Zeit zu bewältigen sind, bei denen ich Erfolg sehen kann, und nicht etwas, das monatelang dauert.‹ Mein Chef hat das nicht nachvollziehen können, aber er hat mir einen Arbeitsplatz angeboten, an dem es kleinere Aufgabenschritte gibt. Was bringt es, mich ständig selbst zu überfordern? Jetzt sitze ich an einer anderen Arbeitsstelle, wo ich auch das mache, was ich gelernt habe, aber in kleineren Portionen.«

Charlotte Amann hat gelernt zu erkennen, was sie kann und was sie überfordert. Sie handelt entsprecht und verhindert so einen massiven Rückfall in ihre alte Strukturlosigkeit.

Wenn Sie dem Text dieses Buches bis hierher kontinuierlich gefolgt sind, dann können auch Sie sich mittlerweile gut einschätzen. Glückwunsch! Sie haben es fast geschafft. Sie wissen nun, welche Säulen Ihrer Arbeit eine feste Struktur geben und wie Sie diese stärken können. Aber möglicherweise fehlt noch etwas.

Test: Sind Sie anfällig für Rückschläge?

	1 stimmt genau	2 stimmt oft	3 stimmt manchmal	4 stimmt selten	5 stimmt gar nicht
Manchmal habe ich schon achtzig Prozent meiner Arbeit erfolgreich hinter mich gebracht, und erst dann mache ich einen Riesenfehler und stelle mir selbst ein Bein.		X			
Computerabstürze passieren bei mir immer dann, wenn ich unter Zeitdruck stehe.			X		
Ich kann nur dann gut arbeiten, wenn mir die Aufgabe ganz genau gestellt worden ist.				X	
Wenn ich im Job nicht genau gesagt bekomme, was ich tun soll, arbeite ich erst mal drauflos, bevor ich mich durch genaues Nachfragen blamiere.				X	
Bei unpräzisen Arbeitsaufträgen mache ich lieber sehr viel mehr als weniger.		X			
Kurz bevor ich eine wichtige Arbeit abschließe, bin ich oft ein richtiger Pechvogel.					X
Ich hatte schon gedacht, ich würde mittlerweile effektiver arbeiten. Aber jetzt merke ich, dass ich genauso chaotisch wie früher arbeite.				X	
Gegen Ende einer Arbeit kommen mir immer erst die richtig guten Ideen – wenn keine Zeit mehr ist, sie umzusetzen.				X	

	1 stimmt genau	2 stimmt oft	3 stimmt manch- mal	4 stimmt selten	5 stimmt gar nicht
Wenn ich einen Fehler ge- macht habe, denke ich oft: Ich bin doch viel zu blöd für das, was ich tun will.		X			
In meiner Lage darf man eigentlich keine Hilfe be- nötigen.		X			
Ich empfinde meine Arbeit oft nur noch als Tretmühle, die mir überhaupt keinen Spaß macht.			X		
Ihre Punktzahl:		8	6	16	5

35

Zählen Sie Ihre Punkte zusammen. Wenn Sie weniger als 20 Punkte haben, erleben Sie vermutlich leicht Rückschläge bei Ihrer Arbeit und sollten das folgende Kapitel aufmerksam lesen.

War nun alles umsonst?

Ist Ihre Arbeit gescheitert, wenn Sie wieder in den alten Trott verfallen? Nein. Vermutlich haben Sie nur einen Rückschlag erlitten. Das ist kein Grund, an sich zu zweifeln. Sie können lernen, auch Rückschläge als »Teil des Systems« zu behandeln. Dafür gibt dieses Kapitel einige Anregungen.

Und allgemein gilt: Sie können dieses Buch immer wieder lesen. Auch beim zehnten Mal werden Sie vermutlich feststellen, dass Sie wieder »bis zum Umfallen« arbeiten; und erst nach einer Weile fällt Ihnen auf, dass Sie z.B. das Belohnen vergessen haben.

Gestehen Sie sich ein,
wenn Sie gescheitert sind

Charlotte Amann gibt im Vorspann ein Beispiel. Sie weiß, dass sie nur kleine Arbeitsschritte bewältigen kann. Wenn sie »etwas Großes« erledigen soll, gerät sie, ohne es zu merken, in Panik.

Nachdem sie eine Weile mit defektem System weitergewurstelt hat, wird ihr bewusst, was sie tut. Das ist ein Fortschritt. Zu früheren Zeiten hätte sie es nicht gemerkt und noch viel mehr Zeit verloren. Sie hätte auch ihr momentanes Versagen am Arbeitsplatz nicht zugegeben. Nun aber gelingt es ihr, den Chef anzusprechen. Nicht nur das. Sie kann ihm sogar sagen: »Ich brauche mehr Struktur.«

Keine Frage: Durch solche Geständnisse klettert man die Karriereleiter nicht unbedingt schneller hinauf. Frau Amann hatte bei ihrem Chef hohe Erwartungen geweckt. Darin ist er nun enttäuscht. Aber wichtiger ist momentan, dass sie nicht entlassen wird und dass sie die Aufgaben, die sie übertragen bekommt, erfolgreich bewältigen kann.

Praxis-Tipp

Was kann ich konkret tun, wenn ich in Panik gerate?

➤ Anhalten
➤ Bewusst entspannen mit Entspannungstechniken (autogenes Training oder einfach im Sitzen die Schultern hängen lassen)
➤ Arbeitsschritte, die zu erledigen sind, noch einmal schriftlich festhalten (evtl. mit Coach). So werden sie übersichtlich und sind kein unüberwindlicher Berg mehr.
➤ Kollegen um Rat fragen
➤ Neue Perspektive finden
➤ Anfangen

Computerabsturz:
Ein Projekt bricht zusammen

An dem Tag, als Thomas Ebinger seinen Computer hochfuhr und die Nachricht erhielt: »Das Gerät kann keine Festplatte entdecken«, brach für ihn eine Welt zusammen. Er hatte alle Aufzeichnungen der letzten Monate darauf. Er hatte seit drei Wochen keine Backup-Dateien angelegt. Und er hatte einen Termin für ein Projekt einzuhalten.

Seine ganze Welt bestand aus dem Wort »Versagt«. Er konnte den Computer nicht mehr hochfahren, ja, nicht einmal mehr booten. Er wusste nicht, an wen er sich wenden sollte. Und er geriet völlig in Panik. Er dachte nur noch: »Es geht nicht mehr. Ich kann den Termin nicht halten. Jetzt ist alles aus.« Er konnte nicht logisch denken: »Wer kann das schnell reparieren? An wen kann ich mich wenden, um schnell wieder an meine Daten zu kommen?«

Halten wir dieses Gefühl fest, denn es dürfte vielen Menschen mit Arbeitsblockierungen bekannt sein: »Siehst du, es geht doch nicht!«, triumphiert die innere Stimme.

Das ist die typische Rückschlagssituation.

Man hat endlich gelernt, gut und strukturiert zu arbeiten – und nun so etwas! Das »Unglück« bricht oft in Form einer Katastrophe über einen herein. Eine solche Katastrophe ist der Computerabsturz. Das ist »höhere Gewalt«. Die Daten auf dem Computer sind im 21. Jahrhundert die Achillesferse unserer Arbeit. Wer sie verliert, hat quasi nicht gearbeitet.

So gehen Sie bei einem
Rückfall-Schock vor

Wer einen solchen Rückschlag erleidet wie Thomas, gerät in einen Schock. Man versteht die einfachsten Fragen nicht mehr. Man reagiert nicht mehr »normal«. Die Situation raubt einem – vorübergehend – den Verstand.

Was soll man in diesem Moment tun?

- Am besten ist es, sich sofort technische Hilfe zu holen. Wer noch erkennt, dass er selbst nichts mehr entscheiden kann, ist bereits im Vorteil.
- Nehmen Sie die Arbeit sofort wieder auf. Schreiben Sie das, was Ihnen verloren gegangen ist, neu. Sie werden feststellen, dass vieles noch in Ihrem inneren Speicher ist.
- Vielleicht brauchen Sie Verstärkung im Kampf gegen Ihre innere Stimme, die jetzt auftrumpft: »Dein Vorhaben ist sowieso Blödsinn. Und jetzt siehst du es ja selbst ...« – Oder wie lautet Ihre persönliche Variation?

Meine innere Stimme sagt bei Rückschlägen meistens:

_____

Das dürfen Sie sich aber nicht sagen lassen. Sie haben ein Sachproblem. Das müssen Sie jetzt lösen.

Ich weiß aber, dass es sich in Wirklichkeit so verhält:

_____

Was Helfer bei einem Rückfall tun können

Bei Thomas Ebinger stellte ein Computerspezialist alle Daten wieder her. Den musste er allerdings hinzuziehen.

Ihr Helfer/Coach hat in Ihrer Schocksituation die Aufgabe, eine vernünftige Handlung einzuleiten, die Sie weiterbringt. Außerdem sagt er Sätze wie:

- »Das ist jetzt sehr schlimm für dich, ich weiß, aber wir werden gemeinsam eine Lösung finden.«
- »Diese Situation ist ärgerlich, aber lass uns überlegen: Wer kann uns hier weiterhelfen?«
- »Die Situation ist ärgerlich, aber vermutlich ist nichts Schlimmes passiert. Sofortige Hilfe ist in der nächsten halben Stunde nicht möglich. Wie kannst du die Zeit trotzdem zum Arbeiten nutzen? Kannst du vielleicht deine fertigen Abschnitte Korrektur lesen?«

Der Helfer gibt also in seinem ersten Satz zum Ausdruck, dass er Ihre problematische Situation erkannt hat. Im zweiten Satz führt er Sie aber wieder hinaus und beginnt, mit Ihnen eine Lösung zu besprechen.

So löst sich allmählich der Schockzustand. Im Schock nämlich sind Sie starr und können nichts entscheiden. Hilft Ihnen hingegen jemand, die Starre zu überwinden, kann auch im Nu eine veränderte Situation entstehen, in der Sie sich weiterbewegen und weiterarbeiten können.

Am Perfektionismus scheitern: Alles oder nichts

Michael Köhler ist Perfektionist. Er stellt sehr hohe Anforderungen an seine Arbeit. Wenn er seine Aufgabe nicht auf Anhieb versteht, bekommt er »geistige Aussetzer«:

> »Wenn ich einen mathematischen Beweis nicht verstanden habe, dann ist für mich auch die Welt zusammengebrochen. Dann ging wieder erst mal nichts, weil ich einfach nicht realistisch sehen konnte, dass ich trotzdem schon sehr viel verstanden habe und die eine Sache doch nicht so wichtig ist. Ich muss nicht alles können! Es reicht auch, wenn ich soundso viel Prozent kann. Aber das sehe ich nicht. Bei mir muss immer alles stimmen.«

»Bei mir muss immer alles stimmen« – mit diesem Satz hebelt man das größte Genie aus dem Gleichgewicht. Denn kein Mensch ist ohne Fehler. Michael lernte, sich in einer »Katastrophe« selbst zu sagen: »Ich muss nicht alles können.«

Es tut gut, wenn das ein »steuernder Partner« im Lebensumfeld wiederholt. »Du musst nicht alles können.« Schon dieser Satz kann eine Denkblockade lösen. Wer weiß, dass er »gut genug« für sein Leben ist, kann es auch plötzlich wieder bewältigen.

Checkliste in einer Panik-Situation

Fassen wir noch einmal zusammen: Jeder Mensch kann einen Rückschlag bei seiner Arbeit erleiden.

- Ihre Arbeit geht plötzlich nicht mehr weiter.
- Sie hatten längere Zeit gut gearbeitet und alle Tipps aus diesem Buch beherzigt. Nun aber sitzen Sie wieder in Ihrem alten Chaos. Sie konnten es auf Dauer nicht aufhalten.
- Sie fühlen sich von Panik überschwemmt und wissen nur noch: »Jetzt ist alles kaputt!«

Wie können Sie in dieser Situation sinnvoll reagieren?

- Halten Sie inne. Machen Sie nicht weiter.
- Suchen Sie sich möglichst einen »steuernden Partner«, mit dem Sie alle weiteren Schritte besprechen.
- Überschauen Sie noch einmal Ihr bisheriges Arbeitsergebnis. Wie viel Prozent des Gesamtwerks haben Sie bereits fertig gestellt? Wie viel gute Leistung haben Sie bereits erbracht? Wie lange also war Ihre Arbeitsstruktur fest und tragfähig?
- Machen Sie diese Stelle aus. Hier werden Sie wieder ansetzen, wenn Sie weiterarbeiten.

- Reparieren Sie nun den Schaden in Ruhe. Überlegen Sie, welche Fachleute Sie eventuell benötigen.
- Überblicken Sie nun die noch vor Ihnen liegenden Aufgaben bis zum Erreichen Ihres Arbeitsziels. Stehen Sie vielleicht kurz vor dem Ziel? Hat Ihnen das Angst gemacht? Die Zielgerade ist eine typische Stelle für Rückfälle.
- Stellen Sie eine detaillierte Liste Ihrer verbleibenden Einzelaufgaben zusammen.
- Legen Sie die Prioritäten fest. Was ist das Wichtigste? Was ist die Nummer zwei? Nummerieren Sie die ersten fünf Aufgaben.
- Stellen Sie einen Zeitplan für die nächsten zwei Tage auf.
- Belohnen Sie sich für das, was Sie bereits geleistet haben.
- Fangen Sie wieder an.

Schwere Rückschläge

Manche Symptome von schweren Arbeitsstörungen erscheinen bizarr und rätselhaft.

> Die Lehrerin Carmen Muntau wollte nach dreizehn Kriterien jede Arbeit jedes Schülers bewerten. Sie wurde schließlich mit keiner Arbeit mehr fertig.
>
> Der Bankangestellte Hermann Fiedler konnte nicht einmal mehr ein Überweisungsformular ausfüllen, weil er fürchtete, einen Fehler begangen zu haben.
>
> Ein Rechtsanwalt konnte seinen Beruf nicht mehr ausüben, weil er nicht mehr in der Lage war, die Seiten eines Buches oder eines Schriftstücks umzublättern. Er bekam unerträgliche Schmerzen in den Armen, wenn er nur beabsichtigte, ein Schriftstück anzuheben.

Wenn solche bizarren Symptome auftreten, liegt eine schwere Arbeitsstörung vor. In diesem Fall sollte man die Hilfe eines psychoanalytisch oder psychiatrisch geschulten Fachmanns zurate ziehen, denn

Freunde und auch die wohlmeinendsten »steuernden Partner« sind hier überfordert.

Hilfe von Fachleuten ist dann angesagt,

- wenn ich mir nicht mehr sagen kann: Ich bin gestern zu spät ins Bett gegangen
- wenn ich mir nicht mehr sagen kann: Momentan ist meine Lebenssituation sehr schwierig
- wenn ich weiß, dass meine Arbeitshemmungen trotz all meiner Anstrengungen nicht von allein vorbeigehen
- wenn die Strukturierungsbemühungen mit steuernden Partnern (Freunden, Kollegen meines Vertrauens) auf Dauer erfolglos sind
- wenn ich Arbeit nur noch als Qual erlebe ohne jeden Erfolg
- wenn ich keine Lebensfreude mehr verspüre
- wenn ich nichts mehr genießen kann
- wenn ich unerträgliche Angst vor dem Erfolg habe

Die Arbeitsstörung ist hier zu einer schweren Krankheit geworden und bedarf entsprechender Behandlung durch Fachleute. Ihre Krankenkasse oder Ihr Hausarzt kann Ihnen beim Finden geeigneter Psychotherapeuten behilflich sein.

Vorbeugende Instandhaltung

Wie ein Gebäude, ein Auto oder Kleidung muss man auch seine Arbeitsstrukturen immer instand halten. Sie kämen ja auch nicht auf die Idee, mit einem neuen Auto einfach nur zu fahren. Ab und zu müssen Sie eben Öl, Luft und Wasser kontrollieren und das Auto zur Inspektion geben. Sonst kann es passieren, dass Sie einen Fall von »schwerer Funktionsstörung« produzieren, den nur Fachleute wieder reparieren können.

Ingenieure sprechen hier von »vorbeugender Instandhaltung«
(preventive maintenance): Gebäude müssen in einem solchen Zustand
gehalten werden, dass ein Schaden gar nicht erst auftreten kann.

So sollten Sie es mit Ihrer Arbeitsstruktur auch halten. Lassen Sie
daher Liegengebliebenes nicht anwachsen.

➤ Planen Sie jeden Tag, jede Woche eine bestimmte Zeit ein, um
  Dinge abzuarbeiten (E-Mails beantworten, Anfragen prüfen, Rech-
  nungen abbuchen, Ablage machen). Halten Sie diese Zeiten konsequent ein. Lassen Sie die Berge nicht übergroß anwachsen, damit
  auch nichts liegen bleibt, was vielleicht dringend wäre.

➤ Dinge, die Sie mit wenig Aufwand erledigen können, sollten Sie
  immer gleich machen. (»Was weg ist, ist weg.«)

➤ Schon vorbeugend sollten Sie darauf achten, dass all Ihre Strukturelemente stabil sind:

- Finden Sie den Anfang
- Bestimmen Sie das Wichtigste
- Planen Sie Ihren Arbeitsablauf
- Behandeln Sie sich freundlich bei der Arbeit
- Belohnen Sie sich für Ihre Arbeit
- Strukturieren Sie Ihr Lebensumfeld
- Bleiben Sie im Rhythmus
- Seien Sie pünktlich
- Beenden Sie Ihre Arbeit
- Freuen Sie sich an Ihrem Erfolg

Kommen Sie zum Schluss

So schwer es zunächst oft fällt, die Arbeit überhaupt aufzunehmen, so schwer ist es manchmal, sich letztlich auch wieder davon zu trennen. Schließlich ist das Projekt im Lauf der Zeit zu einem lieb gewonnenen Begleiter geworden. Man hat sich an sie gewöhnt. Die unerledigte Arbeit, die »immer da ist«, gewährt einen gewissen Schutz und eine Sicherheit, so wie die Straße und das Haus, wo man wohnt, einem ein Gefühl von Geborgenheit vermitteln.

Warum können Sie nicht aufhören?

Vermutlich sind hier wieder die »inneren Stimmen« am Werk. Sie soufflieren

- »Was, du willst schon aufhören? Das Wichtigste ist doch noch gar nicht gesagt.«
- »Das ist doch noch gar nicht fertig.«
- »Das ist aber noch nicht gut genug.«
- »Nimm dir lieber Zeit und mach es gründlich.«

Kennen Sie diese Stimme? Was sagt sie zu Ihnen, wenn Sie kurz davor stehen, eine Arbeit abzuschließen?

Meine innere Stimme hindert mich am Fertigwerden, indem sie sagt:

Mut zur Lücke

Man kann nicht jeden Aspekt hundertprozentig behandeln. Es gibt immer noch eine Internetseite, auf der man recherchieren, noch einen Interviewpartner, den man befragen, noch eine Studie, die man zum Vergleich heranziehen, noch eine Modellrechnung, die man aufstellen, noch einen interessanten Aspekt, den man bedenken könnte. Irgendwo muss Schluss sein. Auch bei der effektivsten Arbeitsweise kann man in einer vorgegebenen Zeit mit dem verfügbaren Aufwand nur ein bestimmtes Ergebnis erzielen. Und was Referate, Papers oder Zusammenfassungen für Kollegen und Vorgesetzte angeht: In der Kürze liegt die Würze. Niemand will in einer Materialschlacht mit tausend Fakten bombardiert werden.

➤ Fragen Sie sich: Was sind die Essentials?

»Hilfe, ich habe Erfolg!«

Mitunter kann jemand seine Arbeit auch deshalb nicht beenden, weil mit dem Arbeitsende auch der Erfolg droht. Die beendete Arbeit macht einen anderen Menschen aus einem. Und vielleicht stellt man fest, dass man so, wie man nun geworden ist, gar nicht sein wollte.

Marietta Vogel war eine gute Schülerin. Problemlos durchlief sie die Schule, auch ihr Studium absolvierte sie zügig und ohne die geringste Störung. Sie stand kurz vor ihrem ersten Staatsexamen als Gymnasiallehrerin, als sich die Katastrophe ereignete: Sie erlitt einen völligen Zusammenbruch und konnte nicht mehr arbeiten. In der Psychotherapie stellte sich heraus, warum sie ihre Arbeit nicht beenden konnte. Marietta hatte nämlich eine ältere Schwester, Michaela, die mit den Eltern seit der frühen Kindheit im Streit lag. Immer wollte sie ihren Willen durchsetzen, und immer waren die Eltern dagegen. Marietta sah sich dies schon als kleines Mädchen an und beschloss für sich: So wie deine

Schwester machst du das nicht. Sie hasste lautstarke Konflikte. Lieber passte sie sich den Wünschen der Eltern an und durchlief die Schule und die Universität, die ihre Eltern vorgeschlagen hatten.

In Wirklichkeit wäre sie lieber Ärztin als Lehrerin geworden, aber aus unbewusster Angst vor den damit verbundenen Auseinandersetzungen hatte sie auf die Durchsetzung ihres Berufswunsches verzichtet. Nun war der Moment des Examens gekommen. Erst jetzt wurde ihr bewusst, dass sie nach diesem Examen einen Beruf beginnen würde, der ihren Interessen völlig zuwider lief. Sie konnte diesen eingeschlagenen Weg einfach nicht beenden.

Als ihr dies bewusst geworden war, konnte sie ihre Examensarbeit abgeben. Dann allerdings begann sie sofort mit einem Zweitstudium in Medizin.

Arbeitsstörungen sind gerade bei Examens- und Doktorarbeiten besonders häufig. Nach deren Abschluss sind die Autoren nämlich ein »neuer Mensch«. Wie einschneidend eine Promotion ist, zeigt schon ein Blick auf den Namen. Nun wird man für den Rest des Lebens die begehrten zwei Buchstaben in seinem Namen tragen, die einen vor anderen Menschen als Akademiker ausweisen. Wer in einer Familie als Erster promoviert wird, sprengt dadurch die bisherige soziale Schicht, und selbst wenn die Eltern den »Aufstieg« des Kindes mit Worten befürwortet haben, ängstigt sie im Herzen vielleicht die Vorstellung, dass ihr Kind sie als »Herr Doktor« oder »Frau Doktor« nicht mehr kennen würde.

»Bloß keine Arbeitswut aufkommen lassen«

»Wenn mich die Arbeitswut überkommt, setze ich mich schnell in eine Ecke und warte, bis der Anfall vorüber ist.« Diesen Spruch kann man in vielen Büros lesen. Er gilt als witzig und dient als Wandschmuck an Arbeitsplätzen, wo das ernsthafte Arbeiten verpönt ist.

> Als Studentin arbeitete ich eine Weile in der Dissertationsabteilung unserer Universitätsbibliothek. Die Stelle war jahrelang vakant gewesen, und es war viel liegen geblieben. Ich musste neu eingehende Dissertationen katalogisieren, d.h. auf kleinen Druckvorlagen aufnehmen, die dann in der Universitätsdruckerei weiterbearbeitet wurden. Die Dissertationen stapelten sich auf mehreren Tischen mannshoch, ein Turm neben dem anderen. Um dieser vielen Arbeit möglichst bald Herr zu werden, katalogisierte ich so schnell wie möglich.
> Schon bald fing ich mir damit allerdings eine Rüge der Drucker ein: »Machen Sie mal halblang«, sagten sie, wenn ich meine Druckvorlagen ablieferte. »Wir wollen uns doch hier nicht totarbeiten.« So erfuhr ich zum ersten Mal, dass Menschen Arbeitsplätze innehatten mit dem Ziel, so wenig wie möglich zu arbeiten. Ich war enttäuscht, und von da an machte mir die Arbeit in der Universitätsbibliothek keine Freude mehr.

Mit Sprüchen wie dem über die Arbeitswut reagieren aber (oft unbewusst) viele Menschen mit einer ängstlichen oder vorsichtigen Charakterstruktur: Sie spüren durchaus den Impuls zu arbeiten (den der »Helfer« häufig gar nicht mehr wahrnimmt), aber er beunruhigt sie so, dass sie die Arbeit sofort wieder einstellen. Der Witz von der »Arbeitswut« soll diese innere Angst abwehren – denn was komisch ist, davor braucht man sich nicht zu ängstigen. Und wer langsam arbeitet, für den bleibt das Ende in weiter Ferne.

So finden Sie ein Ende

Beantworten Sie sich die folgenden Fragen:

An welchem Projekt arbeiten Sie zur Zeit? (Titel, Auftrag)

_____

Wie viel Prozent der Gesamtarbeit haben Sie schätzungsweise jetzt geleistet? __ Prozent

Haben Sie Schwierigkeiten, das Ende zu finden?

☐ Ja
☐ Nein

Wenn ja: Wie wird dieses Projekt Ihr Leben verändern?

Erwarten Sie einen erheblichen Zuwachs an Einkommen?

☐ Ja
☐ Nein

Oder an sozialem Status?

☐ Ja
☐ Nein

Macht Ihnen der bevorstehende Erfolg Angst?

☐ Ja
☐ Nein
☐ Ich weiß nicht

Macht Ihnen das bevorstehende Einkommen Angst?

☐ Ja
☐ Nein
☐ Ich weiß nicht

Welche »heimlichen« Stimmen könnten Ihnen den Erfolg neiden?

Was sagen diese »heimlichen« Stimmen zu Ihnen?

Schreiben Sie einen Satz auf, den Sie darauf in Zukunft erwidern werden:

Lassen Sie sich nicht (mehr) die Fäden Ihres Geschicks aus der Hand nehmen. *Sie* bestimmen, was fertig wird!
Wann wird Ihr Projekt beendet sein?

Freuen Sie sich an Ihrem Erfolg

Falls Sie Neid oder Missgunst erwarten, sobald Ihr Projekt beendet ist: Lassen Sie sich davon nicht bremsen. Mahatma Gandhi sagte einmal: »Erst tadeln dich die Menschen für deine guten Ideen. Dann beneiden sie dich dafür. Und schließlich ehren sie dich dafür.« Haben Sie also keine Angst vor Neid. Sie haben das Letzte noch nicht gehört!

Aber: Ein Projekt abzuschließen kann wirklich Ihr ganzes Leben verändern. Eine Tür schließt sich hinter Ihnen. Sie werden nicht mehr der sein, der Sie waren. Und Sie wissen noch nicht, wer Sie hinterher sein werden.

Diese Vorstellung ängstigt. Sie beunruhigt so wie die Lebensübergänge von der Kindheit in das Erwachsenendasein oder vom Erwerbsleben in den Ruhestand.

Sie können aber diesen Übergang als eine Stärkung erleben: Wenn Sie ein Projekt verwirklicht haben, das allein Ihren eigenen Ideen, Ihren Bemühungen und Anstrengungen entsprungen ist, gehen Sie daraus seelisch gefestigt, beruflich renommiert und finanziell gestärkt hervor. Denken Sie auch daran: Was Sie selbst beendet haben, ist ein Ausdruck Ihrer Stärke. Sie schmücken sich nicht mit fremden Federn.

Viele Menschen empfinden ein unbewusstes Schuldgefühl für ihre Vitalität: Sie dürfen in ihren Projekten ihre Lebenslust »austoben«, wo andere, vielleicht die Eltern, sich diesen Wunsch versagen mussten. Tun Sie es trotzdem. Das Leben Ihrer Eltern können Sie nicht mehr verändern. (Wenn Ihnen dieses Muster bekannt vorkommt, lesen Sie Genaueres dazu im nächsten Kapitel.)

Manche Menschen können gut ihre Projekte beenden, solange sie für jemand anderen arbeiten. Sobald sie aber »auf eigene Rechnung« aktiv werden, lösen sie sich aus früheren Abhängigkeiten, etwa zu den Eltern. Das führt oft zu erheblichen Trennungsschuldgefühlen. Selbst das Erfolghaben kann dann zu unbewussten Konflikten führen.

Was soll man dagegen unternehmen?

Klarheit und ein furchtloser Blick in die Abgründe der eigenen Motivation sind der Anfang. Oft deuten Träume die Antwort an. Denken Sie daran, was Sie letztendlich erreichen wollen:

Ich will mit meinem Projekt Folgendes erreichen:

_____

Sie können und werden das auch erreichen. Stärken Sie dieses Ich in Ihnen, das den Wunsch nach Stärke, Unabhängigkeit und Kreativität hat, mit allen (fairen) Mitteln.

➤ Halten Sie den Arbeitsrhythmus bis zum Ende durch und lassen Sie sich überraschen von einem neuen, wunderbaren Projekt. Ihrem Projekt!

Wenn innere
Stimmen
den Erfolg verhindern

Störfälle und Hindernisse gehören zu jeder Arbeit. Dann geht die Arbeit erst einmal gar nicht weiter.

Andreas wollte in seiner Küche einen magnetischen Seifenhalter anbringen, den er im Baumarkt gekauft hatte. Dazu musste er nur ein einziges Loch bohren, einen Dübel hineinstecken, den Seifenhalter davor platzieren und mit der beigefügten Schraube in dem Dübel anschrauben. Eine Sache von, schätzungsweise, zehn Minuten Arbeit.
Er holte also den Bohrer und drehte die entsprechende Bohrspitze hinein. Er begann mit dem Bohren. Nach kürzester Zeit glühte die Bohrspitze und war stumpf. Auf den Kacheln ließ es sich eben nicht gut bohren. Also versuchte er es in einer Fuge. Diesmal bohrte er mit einer dünnen Bohrspitze vor und nahm dann erst die Endgröße zum Erweitern des Bohrlochs. Nun steckte er den Dübel hinein und begann mit dem Anschrauben. Als er die Schraube zu drei Vierteln hineingedreht hatte, ließ sie sich nicht weiter drehen. Andreas versuchte es trotzdem. Er drückte kräftig auf die Schraube. Da verformte sich plötzlich der Kreuzschlitz. Nun war die Schraube zu drei Vierteln in der Wand und ging weder vor noch zurück.
Mittlerweile hatte Andreas bereits eine Stunde gearbeitet. Die Sache war ins Stocken geraten. Andreas musste neuen Lösungsweg suchen. Er überlegte. Dann holte er eine Metallsäge, sägte die stecken gebliebene Schraube direkt an der Kachel ab und bohrte knapp neben dem alten in der waagerechten Fuge ein neues Loch, sodass der Seifenhalter später die abgesägte Schraube überdeckte. Eine neue, härtere Schraube verformte sich beim Anziehen nicht, und binnen zehn Minuten hing der Seifenhalter an der Wand.

Zweimal stockt Andreas' Arbeit. Zweimal braucht er eine Lösung für ein Teilproblem. Erste Teillösung: Andreas bohrt an einer anderen Stelle, nämlich in die Fuge statt auf die Kachel. Bei der zweiten Teillösung sägt er die Schraube ab und beginnt seine Arbeit erneut.

Bei jeder Arbeit, körperlicher wie geistiger, gehören Störfälle zum Alltag. Manche Betroffenen gehen sehr routiniert mit ihnen um und überwinden sie in kürzester Zeit. Andere wissen sich nicht mehr zu helfen. Sie brechen ihr Projekt entmutigt ab.

Wie das Beispiel von Andreas zeigt, sind solche Störungen jedoch ein üblicher Bestandteil jeder Arbeit. Jeder Mensch muss eine gewisse Menge Störfälle bewältigen können. Üblicherweise hilft eine dieser Methoden:

➤ einen Fachmann hinzuziehen,
➤ einen neuen Lösungsweg suchen,
➤ die Arbeit noch einmal von vorn beginnen.

Störungen sind nichts Schlimmes, sondern sie gehören zur Routine. Wer viel arbeitet, erlebt mehr Störungen als jemand, der vor sich hin dümpelt.

Praxis-Tipp

Störfälle gelassen sehen

Sehen Sie die Störungen bei Ihrer Arbeit oder bei ihrem Projekt nicht als endgültiges Ende an. Überlegen Sie einfach gezielt, wie es von hier aus weitergehen soll.

Störungen, die von innen kommen

Es gibt aber auch Störfälle, die nicht durch äußere Umstände auftreten. Nehmen wir an: Sie beschließen ein Projekt. Sie sehen es in allen Einzelheiten vor sich. Sie können die Einzelarbeiten ausführen, Sie haben Zeit und Sie haben die Mittel. Sie fangen an, und alles ist auf dem besten Weg, genauso fertig zu werden, wie Sie es vor sich gesehen haben. Und plötzlich brechen Sie das Projekt ab.

Warum?

Plötzlich scheinen zwei Personen in Ihrer Haut zu wohnen: eine, die das Projekt verwirklichen will, und eine zweite, die das nicht will. Vielleicht redet sie Ihnen intensiv ein, Sie sollten es doch eine Nummer kleiner angehen, dieses Projekt sei doch nun wirklich nicht notwendig, und Sie sollten lieber nicht riskieren, diese Sache zu tun.

Sie kommen ins Grübeln. Je wichtiger das Projekt, desto stärker werden plötzlich Ihre Bedenken. Das Projekt, das gerade noch »fertig« war, kommt ins Wanken. Statt weiterzumachen und die nächsten Arbeitsgänge anzugehen, grübeln Sie (oft, ohne es selbst zu merken), ob das Ganze überhaupt einen Sinn hat.

Darüber versäumen Sie unter Umständen sogar wichtige Termine.

Wenn das auf ein Projekt von Ihnen zutrifft, beantworten Sie sich jetzt ein paar Fragen.

Mein Projekt trägt den Arbeitstitel:

_____

Finden Sie heraus, was dieses Projekt Ihnen bedeutet.

Test: Was bedeutet mein Projekt
für mein weiteres Leben?

	1 stimmt genau	2 stimmt groß- teils	3 stimmt teilweise	4 stimmt etwas	5 stimmt gar nicht
Dieses Projekt wird mein Leben verändern.					
Ich habe dabei oft Angst vor meiner eigenen Courage.					

	1 stimmt genau	2 stimmt groß- teils	3 stimmt teilweise	4 stimmt etwas	5 stimmt gar nicht
Einerseits will ich mein Einkommen verbessern, andererseits bereitet mir dieser Wunsch großes Herzklopfen.					
Ich habe manchmal das Gefühl, dieses Projekt ist eine Nummer zu groß für mich.					
Ich habe Angst davor, für mein Projekt angegriffen zu werden.					
Wenn ich meinen Kopf nicht so weit herausstecke, muss ich auch nicht so viel einstecken.					
Mitunter bekomme ich bei der Arbeit sogar seltsame körperliche Beschwerden. Sie verschwinden danach sofort wieder.					
Ich habe sehr häufig Zweifel darüber, ob ich mein Projekt überhaupt durchführen soll.					
Ihre Punktzahl:					

Auswertung

Für jede Frage, die Sie mit einer 1 bewertet haben, notieren Sie einen Punkt, für jede, die Sie mit einer 2 bewertet haben, zwei usw.

8-14 Punkte: Ihr Projekt bedeutet Ihnen außergewöhnlich viel. Wenn Sie es erfolgreich zu Ende führen, könnten Sie damit Ihr Einkommen und Ihre soziale Position im Vergleich zum Jetzt-Zustand erheblich verbessern. Das bedeutet für Sie sehr viel Neuland. Sie haben Angst vor den Gefahren, denen Sie damit gleichzeitig ausgesetzt sind, und Angst vor den Rückschlägen, die damit verbunden sind. Manchmal wollen Sie auf Ihr Projekt lieber verzichten als sich den »Schlägen« von unsichtbarer Hand aussetzen, die auf Sie niederprasseln könnten. Sie wünschen sich oft, dass Sie mehr Unterstützung für Ihre Pläne bekämen.

15-26 Punkte: Sie fühlen sich hin und her gerissen: Einerseits bedeutet Ihnen Ihr Projekt sehr viel. Es steht außerhalb Ihrer Routinearbeit, und es wird nachhaltig auf Ihr Leben ausstrahlen. Andererseits wissen Sie, dass Sie sich damit auch Feinde und Neider schaffen. Dieses Gefühl ist nicht angenehm. Mitunter laufen Sie sogar Gefahr, »um des lieben Friedens willen« von Ihrem Projekt Abstand nehmen zu wollen. Sie wissen, dass Sie sich hinterher darüber sehr ärgern würden.

27-40 Punkte: Ihr Projekt bedeutet Ihnen viel, aber es ist nichts für Sie Ungewöhnliches. Sie sind es gewöhnt, außergewöhnliche und große Projekte abzuwickeln. Sie kennen die Wahrheit des alten Seemannsspruchs: »Wenn es vorangeht, kommt der Wind immer von vorn.«

Viele Menschen, die darangehen, ein ungewöhnliches, ja: ein außergewöhnliches Projekt in ihrem Leben umzusetzen, scheitern, weil sie die Konfrontation mit diesen »inneren Stimmen« nicht erfolgreich durchstehen können. Wer spricht denn da in einem selbst?

Schuldgefühle,
die Eltern zu übertreffen

»Innere Stimmen« sind oft nichts anderes als hundertmal wiederholte Sätze, die Sie in der Kindheit gehört haben. Mitunter sind diese Sätze sogar nicht einmal ausgesprochen worden, sondern man hat Ihnen

nur »durch die Blume« zu verstehen gegeben (aber das eindeutig!),
was man von Ihnen erwartet.

> Bodo Niemeyer, ein Student der Medienwissenschaft, konnte seine Ab-
> schlussarbeit an der Universität absolut nicht beenden. Schon die letz-
> ten Seminararbeiten bereiteten ihm derartige Schwierigkeiten, dass er
> statt weniger Wochen ein ganzes Jahr dafür brauchte. Die Magisterar-
> beit beendete er nur unter allergrößten Schwierigkeiten.
>
> In einer ausführlichen Psychotherapie stellte sich heraus, dass sein Va-
> ter, ein strenger, leistungsbewusster Mann, zwar von ihm verlangte,
> dass Bodo die gleichen Leistungen erbrachte wie der Vater selbst. Un-
> gesagt (ohne Worte, durch winzige Gesten) teilte er ihm aber das Ge-
> genteil mit. Der Vater hatte nämlich Angst, den Sohn zur selben Größe
> anwachsen zu sehen wie sich. Er hatte Angst vor seiner Entmachtung.
> Und bei Bodo, hochintelligent und hochsensibel, waren beide Bot-
> schaften angekommen. Sie »sprachen« in ihm selbst. Aber solange ihm
> das nicht klar war, hatte er keine Chance. Er hörte nur gleichzeitig:
> »Mach es fertig!« und »Mach es bloß nicht fertig!« In diesem Dilemma
> konnte er die gewünschte Leistung, die Prüfung, nicht erbringen.
>
> Er bekam Schuldgefühle: Schuldgefühle für seine Fähigkeit zu denken,
> Schuldgefühle für seinen Erfolg bei der Arbeit, Schuldgefühle für die Vi-
> talität, die er bei der Arbeit empfand, Schuldgefühle für die neue sozia-
> le Position, die ihm der Studienabschluss gewähren würde. Die Angst
> des Vaters war zu seiner eigenen Angst geworden.

Bodo Niemeyers Schuldgefühle zeigten sich in körperlichen Sympto-
men: Er konnte nicht mehr am Tisch sitzen bleiben, er bekam
Schweißausbrüche, er bekam Herzrasen, sobald er mit der Arbeit anfing, und er bekam sogar einen rätselhaften Hautausschlag, der wohl
nichts anderes signalisierte als die Tatsache, dass Bodo diese Gefühle
»unter die Haut« gegangen waren.

Solche Schuldgefühle sind weit verbreitet. Sie haben auch nicht
immer mit dem realen Vater (oder der realen Mutter) zu tun, wie sie
gegenwärtig sind. Vielmehr spricht oft noch Vater oder Mutter der
Kindheit. Das ist die Zeit, die einen Menschen prägt. So ist es auch
möglich, dass Schuldgefühle noch andauern können, wenn die Eltern
längst gestorben sind.

Ersetzen Sie Schuldgefühle
durch positive Gefühle

Bodo Niemeyer ist kein Einzelfall. Aber jede nachwachsende Generation muss ihr eigenes Leben führen. Die Gesellschaft soll ja auch dann noch Bestand und Kraft haben, wenn die alte Generation abgetreten ist.

Kommen Ihnen solche Schuldgefühle bekannt vor? Dann befreien Sie sich davon. Bejahen Sie Ihre Vitalität. Sagen Sie Ja zum Vorwärtsdrängen, zu Ihren positiven Gedanken und Ihren eigenen Projekten. Ihre Kreativität und Produktivität darf nicht an Ihren Schuldgefühlen ersticken.

Vielleicht haben Sie früher oft gehört: »Du kannst das nicht! Lass das!« Schließlich waren Sie selbst davon überzeugt. Und wenn Sie irgendetwas Wichtiges, Neues anfangen wollen, hören Sie in Gedanken immer noch: »Du kannst das nicht. Lass das.« Das blockiert Sie jetzt. Ersetzen Sie diese Sätze. Sagen Sie stattdessen zu sich: »Das ist neu. Das ist schwer. Aber ich kann es schaffen. Wo liegen die Probleme?«

Damit ersetzen Sie eine falsche Einstellung durch eine richtige.

Schreiben Sie drei Sätze auf, die Sie als »innere Stimme« hören, wenn Sie eigentlich etwas Wichtiges, Produktives arbeiten wollen:

1. _____

2. _____

3. _____

Blockieren Sie diese Sätze? Fühlen Sie sich davon verletzt und gekränkt, auch wenn die Feststellung im Kern richtig war? Vielleicht war Ihnen bis zu diesem Punkt noch gar nicht klar, dass Sie diese Sätze isolieren konnten.

Durch welche Sätze könnten Sie die ersetzen? Notieren Sie drei, die nicht kränken, sondern die Sie weiterbringen. Beheben Sie die Panne!

1. _____

2. _____

3. _____

Sagen Sie die neuen Sätze immer laut, wenn die »innere Stimme« Ihnen etwas Abwertendes einreden will.

Oder hören Sie Sätze wie die folgenden? Zu jedem gibt es eine produktive Variante. Können Sie davon etwas übernehmen?

»*Du kannst das nicht!*«
➤ Ich kann das *noch nicht*. Was muss ich lernen?

»*Du bist zu dumm dazu. Lass es!*«
➤ Bin ich wirklich zu dumm? Wer kann mir dann helfen?

»*Du kriegst nie etwas fertig!*«
➤ Aber dieses Projekt kriege ich fertig. Wann ist der nächste Termin? Die letzten Termine habe ich auch eingehalten.

»*Du willst viel zu viel!*«
➤ Nein. Ich stelle mir große Aufgaben.

»*Du hältst dich wohl für etwas Besseres?*«
➤ Ich habe das Gefühl, dass ich dies tun muss. Es ist für mich eine wichtige Aufgabe.

Manchmal spricht die innere Stimme in der Ichform schlecht über einen selbst. Ersetzen Sie auch das! Hier sind einige Beispiele.

Im Grunde verachte ich mich.
➤ Ich bin, wie ich bin. Vielleicht muss ich meine Art anderen gegenüber klarer machen.

Ohne Druck geht bei mir gar nichts.
➤ Mein Arbeitsdruck kommt aus mir selbst. Ich muss ja leben!

Ich verdiene keine Freizeit.
➤ Ich brauche auch Zeit zum »Akku-Aufladen«.

Ich verdiene keine freien Wochenenden.
➤ Ich achte auf eine gute Work-Life-Balance.

Ich soll mich um andere kümmern, nicht um mich selbst.
➤ Bis zu einem bestimmten Punkt helfe ich anderen. Aber ich verliere meinen Lebensplan nicht aus den Augen.

Wenn ich nicht jeden Tag zur Arbeit eingesperrt und überwacht werde, wird bei mir sowieso nichts fertig.
➤ Ich habe meinen festen Arbeitsrhythmus. Dazu gehören fester Arbeitsplatz und feste Arbeitszeit.

Ich kann ohne Druck keinen Terminplan einhalten.
➤ Zu meiner Professionalität gehört Pünktlichkeit, privat und bei der Arbeit.

Was ich anderen verspreche, muss ich halten. Was ich mir selbst verspreche, kann ich nicht halten.
➤ Meine Pläne sind wichtig. Ich bin wichtig. Wer kümmert sich um mich, wenn nicht ich?

Ich verdiene nichts besseres als mein Schicksal.
➤ Ich kann die Vergangenheit nicht ändern, nur die Zukunft.

Mein Arbeitszimmer ist die reinste Rumpelkammer, chaotisch und düster. Eigentlich fühle ich mich dort nicht wohl. Aber ich habe es nicht besser verdient.

➤ Von Zeit zu Zeit mache ich ein Foto von meinem Arbeitszimmer. Was mich darauf stört, behebe ich. Ich brauche eine schöne Umgebung zum Arbeiten, aber manchmal bin ich betriebsblind.

Ich bin oft viel zu abgeschlagen und müde für meine Arbeit. Sie überfordert mich dann.

➤ Ich nehme nicht mehr Arbeiten an, als ich erledigen kann. Die aber hake ich zügig ab.

Wenn ich anfange zu arbeiten, komme ich eine Weile gut vorwärts. Aber vor lauter Stofffülle bin ich nach kurzer Zeit so verwirrt, dass ich für meine Arbeit die zehnfache Zeit benötige.

➤ Ich nehme an meinen Themen immer sehr viele Details wahr. Ich verfolge möglichst die Hauptlinie, Nebensächliches notiere ich übersichtlich.

Entmutigende Kindheitserfahrungen

Natürlich fragt man sich, wie so eine negative Selbsteinschätzung in einen Menschen hineingeraten konnte. Meist liegen die Gründe dafür in der Kindheit, wenn nämlich der Betroffene schon als Kind von den Eltern immer wieder in seinen kreativen Bemühungen entwertet wurde. Das kann auf vielerlei Wegen geschehen sein. Etwa wie bei Christoph Stenger.

> Christoph las als Kind schon viel und liebte mit acht Jahren besonders Seefahrerbücher. Sie regten seine Fantasie sehr an. Da er auch gut schreiben konnte, setzte er sich hin und schrieb in wochenlanger Arbeit selbst einen Seefahrerroman. Endlich war der große Tag gekommen, an

dem er sein Werk der Öffentlichkeit – seinem Vater – vorstellen wollte. Christoph las vor: »Es war eine riesige Schlacht. Auf beiden Seiten standen einander tausend Schiffe gegenüber. Sechstausend Matrosen, bis an die Zähne bewaffnet, warteten auf den ersten Schuss.«

Er freute sich darauf, dem Vater die lange Geschichte vortragen zu können, die mit diesen Worten begann. Er hatte sich jedes Detail liebevoll ausgedacht. Die Handlung hatte verzwickte Wendungen, die er gegen Ende der Geschichte glanzvoll gelöst hatte. Es war der Beginn einer neuen Existenz: Jetzt würde auch er, Christoph, im Geiste ganze Flotten kommandieren.

Aber Christophs Vater unterbrach seinen kleinen Sohn sofort und sagte scharf: »So ein Blödsinn! Hast du dir denn gar nichts dabei gedacht? Zweitausend Schiffe und sechstausend Mann? Da waren ja auf jedem Schiff nur drei Mann Besatzung! So eine dämliche Geschichte will ich gar nicht hören. Aus dir wird nie ein Schriftsteller. Na, vielen Dank ...«

Natürlich kamen Christoph bei diesem Einwand die Tränen. Wie hatte er ein so wichtiges Detail übersehen können ...

Noch schwer wiegender aber war der Schaden, den sein Vater auf lange Sicht angerichtet hatte. Denn er zerstörte die gerade aufkeimende schriftstellerische Kreativität seines Sohnes: Christoph warf seinen ganzen Roman in den Mülleimer. Er schrieb nie wieder eine Zeile und ist bis heute, dreißig Jahre später, der felsenfesten Überzeugung, aus ihm »wäre sowieso nie etwas geworden«. Er hat also die schlechte Einschätzung des Vaters ungeprüft übernommen.

Das ist schade. Denn Christoph Stenger hat wirklich Talent. Aber er traut sich das Schreiben nicht zu.

Wenn ein kleines Kind etwas gebaut oder gemalt hat und damit strahlend zu den Eltern gelaufen kommt: »Mama! Sieh mal, was ich gebaut habe!«, und es dazu nur hört: »Was ist denn das wieder für ein Quatsch?«, kann diese Entmutigung regelrecht in das Kind einwachsen. Da bleibt sie dann und wächst mit, lebenslang. Der Erwachsene ist dann wirklich überzeugt, er könnte seine Aufgaben nicht wahrnehmen, auch dann nicht, wenn er objektiv sehr wohl dazu fähig wäre.

> Die achtjährige Sara Schäfer hatte in einer Schülergruppe zum ersten
> Mal eine Rolle in einer Theateraufführung übernommen und freute sich
> sehr darauf, ihren Eltern an dem festgesetzten Sonntagvormittag damit
> eine Freude zu machen. Da der Vater sonntags meist auf den Fußball-
> platz ging, hatte sie Angst, er würde nicht zu ihr kommen. Deshalb hat-
> te sie ihn immer wieder gebeten dabei zu sein, und er hatte es verspro-
> chen. Aber am Sonntag erschien Sara geknickt. Ihr Vater war doch lie-
> ber zum Fußballplatz gegangen. Und die Mutter lieferte Sara nur ab und
> holte sie nach der Aufführung wieder.

Hier wollte ein Kind durch eine eigene Leistung das Leuchten in den
Augen der Eltern hervorzaubern. Aber die Eltern gaben ihr das Gefühl, als existiere Sara gar nicht für sie. Durch solche Behandlung
werden Kinder sich auch selbst gleichgültig. So bleiben sie dann,
auch als Erwachsene. Bis sie irgendwann merken, woher diese Einstellung kommt. Dann können sie sich ändern.

Natürlich hätte auch die Erzieherin in diesem Fall gegensteuern
können. Eltern wie denen von Sara muss man sagen: »Selbstverständlich sollen Sie Ihr Kind nicht nur abholen. Wir erwarten von Ihnen,
dass Sie auch zur Aufführung kommen.«

Die Generationenstaffel:
Wie Sie andere
ermutigen können

Abwertendes Verhalten ist in unserer Gesellschaft stark verbreitet. Es
kommt auf jeden Einzelnen an, das Steuer für die nachwachsenden
Generationen herumzureißen. Menschen, die als Kind von ihren Eltern entmutigt wurden, reagieren oft als Erwachsene (ihren eigenen)
Kindern gegenüber genauso wie die Eltern.

Demgegenüber berichten Stars, die schon in der Kindheit sehr erfolgreich waren, dass sie von ihren Eltern jede nur denkbare Ermuti-
gung erhalten haben.

Qualifiziertes Lob (»Das hier hast du besonders gut gemacht, weil …« oder: »Diese Stelle gefällt mir, die ist dir besonders gut gelungen …«) lässt bereits in Kindern ein Bewusstsein dafür entstehen, dass ihnen etwas Einmaliges gelungen ist und dass sie auch in Zukunft zu solchen Leistungen fähig sind.

Wenn Sie von Jüngeren umgeben sein wollen, die ihre positiven Seiten und Leistungen produktiv machen, geben Sie diese Einstellung an die junge Generation weiter. Es ist zu Ihrem eigenen Nutzen. Schließlich müssen wir alle einmal die Verantwortung für das Weltgeschehen in jüngere Hände abgeben.

Auf einen Blick:
So gehen Sie innere und äußere
Störfälle an

- In jedem Arbeitsprozess können »Störfälle« vorkommen. Das ist normal. Reagieren Sie gelassen darauf. Beheben Sie die Störungen einfach. Sie bedeuten nicht unbedingt das Ende des Projekts. Welche Störung haben Sie zuletzt gut behoben?

- Manchmal lassen sich ersehnte Projekte nicht verwirklichen, obgleich ihre Zeit gekommen ist. Sie haben dann das Gefühl, Ihre Arbeit nicht mehr unter Kontrolle zu haben. Welches Projekt würden Sie gern verwirklichen?

Ursachen dafür können in entmutigenden Kindheitserlebnissen liegen, die so weit verinnerlicht wurden, dass auch der Erwachsene noch überzeugt ist, dass er seine Arbeit nicht ausführen kann. Mit welchen Sätzen hat man Sie in der Kindheit entmutigen wollen?

Schreiben Sie einen typischen Satz auf:

Durch welchen Satz werden Sie ihn ersetzen?

• Manche Menschen haben auch unbewusst eine Scheu, ihrer Vitalität freien Lauf zu lassen. Sie befürchten, damit die Gefühle ihrer Eltern zu verletzen – auch dann noch, wenn sie längst erwachsen sind und die Eltern nicht mehr maßgeblich sind. Worauf haben Sie manchmal so richtig Lust, aber trauen sich nicht, es zu tun?

• Andere Menschen schämen sich unbewusst, durch den Erfolg bei ihrer Arbeit ihre eigenen Eltern in Status oder Einkommen zu überflügeln. Statt bewusst auf den Erfolg zu verzichten, tun sie es unbewusst, indem sie Arbeitshemmungen entwickeln.
Haben Sie Ihre Eltern in der sozialen Position überflügelt?

☐ Nein
☐ Ja
☐ Ich arbeite daran

Haben Sie Ihre Eltern in puncto Einkommen überflügelt?

☐ Nein
☐ Ja
☐ Ich arbeite daran

Ist Ihnen das im Grunde unangenehm und peinlich?

- Kennen Sie die Bedeutung Ihres geplanten nächsten Projekts für die eigene Biografie?

☐ Nein. Bei mir folgt einfach ein Projekt dem nächsten, ohne dass ich mir darüber Gedanken mache.

☐ Ja, es ist wichtig für meine Biografie.

☐ Ja. Es ist nicht so wichtig.

- Häufig bereitet es einem Schwierigkeiten, über sich selbst hinauszuwachsen, selbst wenn die Projekte rein fachlich gut zu bewältigen wären.

☐ Das Gefühl kenne ich nicht. Ich arbeite immer bis an meine Grenzen, und das macht mir Spaß.

☐ So geht es mir auch. Ich rege mich schrecklich auf, schwitze und bekomme Angstgefühle und kann nicht fertig werden.

- Welche Meinungen von Seite 190–192 klangen für Sie vertraut? Welche dieser schlechten Meinungen haben Sie ersetzt durch problemorientierte Fragen?

Noch ein paar
Kleinigkeiten

Strengen Sie sich bei der Arbeit nicht zu sehr an. Wer sich anstrengt, ist verbissen, und verbissene Leute hat niemand gern um sich. Konzentrieren Sie sich, aber bleiben Sie Mensch. Sie haben in den vergangenen Kapiteln viele Vorschläge durchgearbeitet, um Ihre Arbeitsstruktur zu verbessern. Was Sie aber davon anwenden und wie Sie es jedes Mal neu in einen eigenen Arbeitszusammenhang bringen, müssen Sie selbst entscheiden. Ein kleiner Anhaltspunkt: Wenn alles ganz leicht geht und wie von selbst und wenn Sie meinen: »Jetzt habe ich ja fast gar nichts getan!«, dann sind Sie oft am besten. Machen Sie eine Momentaufnahme von dieser Situation. Bleiben Sie so.

Sehen Sie
alles mit Humor

Manche Erfolgsmenschen möchte man nicht mit der Beißzange anfassen. Sie verwirklichen alle ihre Projekte, aber als Menschen sind sie unausstehlich.

Und andere leben scheinbar nur vor sich hin, haben aber zu jedem Ereignis einen kleinen humorvollen Kommentar parat. Sie drängen sich nicht in den Vordergrund und geben sich nicht wichtig. Aber wir mögen sie und suchen ihre Gesellschaft. Bei ihnen fühlen wir uns einfach wohl.

Arbeiten Sie also mit Humor!

Mit Humor kann man vom Ernst der Lage abschalten und die Sache auf einmal auch aus einer anderen Perspektive sehen oder in ein anderes Licht rücken. Routinearbeiten bekommen neue Glanzlichter. Wenn Sie sogar in einer Stresssituation noch Humor zeigen, erleichtert das die Zusammenarbeit mit den Kollegen.

Der Lehrer, der seit Jahren oder Jahrzehnten immer die gleichen Fehler korrigieren muss, der immer kippelnde, nörgelnde Kinder vor sich hat, gewinnt sich sein Publikum durch witzige Texte oder humorvolle Bemerkungen – und plötzlich macht die Arbeit wieder Spaß. »Deine Vier sieht aus wie ein Flitzebogen«, korrigiert er den Viertklässler, »und in deine Neun regnet es hinein. Willst du sie nicht abdichten?« Und lachend verbessert der Schüler seine Fehler.

Es gibt viele Methoden, die Arbeit mit ein wenig Humor aufzumischen. Ihr Publikum dankt Ihnen jede!

In der Ruhe liegt die Kraft

»Stay calm«, predigen amerikanische Erfolgspsychologen ihren Klienten. »In der Ruhe liegt die Kraft«, hört man in deutschen Firmen als Tipp.

Vielleicht sagen Sie: Da kann ich nicht viel machen. Es gibt ruhige Typen und es gibt aufgeregte Typen. Und ich rege mich eben unter Stress immer auf.

Damit haben Sie im Prinzip auch Recht. Sie können aber, vorausgesetzt, Sie gehören zu den nicht ruhigen Typen, Ihren Drang zur Unruhe zu mäßigen versuchen. Kopieren Sie sich selbst.

In welcher turbulenten Situation waren Sie zuletzt ruhig und souverän?

Wie haben Sie das »gemacht«?

➤ Kopieren Sie dieses Erfolgsmuster so oft wie möglich. Trainieren Sie bei jeder Gelegenheit: in öffentlichen Verkehrsmitteln, beim Einkaufen, in der Familie, am Feierabend und natürlich auch bei der Arbeit.

➤ Machen Sie Souveränität und felsenfeste Charakterstärke zu Ihren Markenzeichen. Seien Sie jemand, an den man sich anlehnen kann.

➤ Entwickeln Sie Ihre Ruhe weiter, bis sie fest zu Ihrer Arbeitsstruktur gehört. Wenn Sie ein neues Projekt anbieten, wird man Sie gern auswählen – wegen Ihrer Seelenruhe.

Helfen können Sie sich nur selbst

Als ich Bodo Niemeyer fragte, welche Maßnahme ihm letztendlich geholfen hätte, wieder arbeitsfähig zu werden, antwortete er: »Helfen konnte ich mir nur selbst. Alle Fachleute konnten im Grunde nicht das Wesentliche bewirken. Erst als ich total fertig war und endlich den Ernst meiner Lage zur Kenntnis genommen und beschlossen hatte: *Du willst jetzt diese Prüfung beenden, und du bleibst daher sitzen, bis du es geschafft hast, komme, was wolle,* erst von da an ging es aufwärts.«

Bodo machte also sein Projekt zu seiner ureigenen Herzensangelegenheit, von der ihn niemand mehr abbringen konnte, keine innere Stimme und keine äußere Ablenkung, nicht einmal Herzrasen oder Hautausschläge.

Ich glaube, damit hat er wirklich den Kern aller Arbeitsblockaden benannt. Wer seinen eigenen Aufgaben und Zielen ernst gegenübersteht und sie tatsächlich als seine Lebensaufgaben betrachtet, der wird sie auch verwirklichen.

Lächeln Sie

Lächeln steckt an. Beobachten Sie, wie Sie auf mürrischen Gesichtern in öffentlichen Verkehrsmitteln ganz einfach ein Lächeln hervorzaubern können, wenn Sie selbst lächeln. Lächeln Sie Ihre Familie an. Lächeln Sie bei der Arbeit, auch wenn Sie allein sind. Lächeln Sie, weil Sie wissen, wer Sie sind. Lächeln Sie, weil Sie wissen, was Sie tun. Lächeln Sie, weil Sie wissen, was Ihre Aufgaben im Leben sind. Lächeln Sie, weil Sie das erledigen, was das Leben Ihnen als Aufgabe aufgetragen hat. Lächeln Sie, weil Sie leben und in der Gemeinschaft aller Menschen eine wichtige Aufgabe übernommen haben: Ihr Leben ganz auszuleben.

DRITTER TEIL

Wenn Mitarbeiter oder Kollegen unter Arbeitsblockaden leiden

Die Überraschung war gelungen. Beim Vorstellungsgespräch hatte der/die Neue einen hervorragenden Eindruck hinterlassen, um nicht zu sagen: einen perfekten Eindruck. Beste Referenzen, feines Auftreten, kluge Fragen. Und nun – die Mogelpackung. Da sitzt der teuer einge-kaufte Mitarbeiter und dümpelt vor sich hin, ohne recht in Fahrt zu kommen. Solche Leute kosten viel Geld und Nerven. Die Probezeit ist bereits verstrichen. Sie müssen also irgendwie miteinander auskom-men.

Was können Sie
als Chef tun?

Sie haben den Eindruck, dass Ihr Mitarbeiter ständig vor sich hin träumt und sehr viel Zeit vertrödelt. Sie haben schon oft gefragt, was er/sie eigentlich macht, aber nie eine klare Antwort bekommen. Sie haben das Gefühl: Was erledigt werden soll, wird nicht erledigt.

Überprüfen Sie:
1. Existieren klare Arbeitsaufträge? Ist die Arbeit so beschaffen, dass solche Aufträge erteilt werden können? Oder ist der Mitarbeiter für einen nur vage definierten Bereich zuständig? In diesem Fall: Definieren Sie den Arbeitsbereich.
2. Grenzen Sie Aufgaben klar ein. Sie wissen, dass Ihr Mitarbeiter, bevor er zu Ihnen kam, eine komplizierte Recherche zu einem Thema gemacht hat. Sie möchten, dass er für Ihre Firma eine ähn-liche Recherche durchführt. Nach einer Woche stellen Sie fest, dass noch nichts erledigt ist. Was können Sie tun? – Möglicher-weise ist die Aufgabe zu komplex. Der Mitarbeiter, getrieben von der Vorstellung, seine Arbeitsleistung sei nicht gut genug, findet kein Ende. Er grenzt sein Thema nicht ein. Er surft stundenlang im Internet, ohne das Wesentliche zu erkennen. Hier muss also die Aufgabe eingegrenzt werden. Statt »Recherchieren Sie die Be-dingungen des mittelständischen Konsumverhaltens« muss das

Thema vielleicht lauten: »Wie viel Geld haben Menschen der Gehaltsklasse von ... bis ... in den Monaten ... bis ... für die Konsumartikel X, Y und Z ausgegeben?« – Sorgen Sie dafür, dass die Aufgabe in Tagesportionen aufgeteilt sind, deren Erledigung Sie jeden Abend mit dem Mitarbeiter überprüfen können.

3. Wie eng arbeiten Sie zusammen? Ist es möglich, dass Sie jeden Morgen fünf Minuten konferieren? In dieser Zeit sprechen Sie ab, was heute erledigt werden soll. Lassen Sie sich die Ideen des Mitarbeiters präsentieren. Versuchen Sie genau zu verstehen, was er will. Sie müssen es nicht besser können, aber lassen Sie ihn nicht allein.

4. Überprüfen Sie jeden Abend fünf Minuten vor Arbeitsende, was von den morgendlichen Plänen umgesetzt wurde. Lassen Sie sich erklären, was der Mitarbeiter getan hat. Vorsicht! Sie befinden sich in einem sensiblen Bereich. Verlangen Sie keine Unterwürfigkeit oder Gehorsam, und erwarten Sie nicht, dass Sie alles verstehen. Das Klima zwischen Vorgesetztem und Mitarbeiter ist schnell unwiderruflich zerstört und die Motivation dahin, wenn Sie auf die Pauke hauen.

5. Seien Sie wie eine Wand, an die sich Ihr Mitarbeiter lehnen kann. Wenn Ihr Mitarbeiter Ihre Verlässlichkeit spürt, kann er sich daran orientieren. Er hat möglicherweise Probleme damit, pünktlich zur Arbeit zu erscheinen, seinen heutigen Arbeitsbereich zu definieren, einen Anfang zu finden, und er lässt sich schnell ablenken. Indem Sie ihm vorleben, wie Sie pünktlich kommen, alle Termine einhalten, beim morgendlichen Consulting genau in den Blick bekommen, was er tun soll, und abends überprüfen, ob er alles erledigt hat, richtet sich der Mitarbeiter an Ihnen auf. Seien Sie verlässlich wie ein Uhrwerk.

6. Schaffen Sie eine Atmosphäre, in der alle Mitarbeiter gut funktionieren können. Wenn jeder seinen Aufgabenbereich kennt und weiß, was von ihm erwartet wird, bekommen Sie leicht eine Firma mit lauter hoch motivierten Kräften. Achten Sie darauf, dass der Rahmen stimmt: feste Zeiten, feste Gewohnheiten, aber auch feste Pausen.

7. Erwarten Sie Außergewöhnliches! Ihr Mitarbeiter erlebt möglicherweise Blockaden, weil er mehr erreichen will als der Durchschnitt. Er ist sich selbst sein größter Feind. Er gibt sich mit Normalleistungen nicht zufrieden. Achten Sie darauf, dass er erst mal das normale Niveau hält. Loben Sie seine Leistungen, auch wenn sie ihm als nichts Besonderes erscheinen. Sagen Sie, dass Sie seine Verlässlichkeit schätzen. Wenn der Mitarbeiter darüber hinaus eine ungewöhnliche Leistung erbringt, würdigen Sie die. Das ist sehr motivierend für jemanden, der außerhalb des breiten Weges geht.

8. Trennen Sie Routine und »Zuschlag«. Sagen Sie deutlich, was Sie jeden Tag erwarten, und machen Sie klar, was Zusatzleistung ist. Geben Sie durch kleine Zeichen zu verstehen, dass Sie diese schätzen.

9. Arbeitet Ihr Mitarbeiter im Prinzip richtig gern? Kriegt er seine hochfliegenden Ideen nur nicht »auf die Reihe«? Dann ist Ihre Aufgabe, an den Kern dieses Gern-Arbeitens heranzukommen. Wenn er einen festen Rhythmus gefunden hat, in dem er Arbeitsergebnisse vorlegen kann, etwa in Form eines täglichen Protokolls, hat er regelmäßige Erfolgserlebnisse. Damit steigt auch seine Motivation.

10. Arbeitet er gern und qualifiziert, aber umständlich? Oft fehlen einfache Voraussetzungen, z.B. ein routinierter Umgang mit dem Computer, Blindschreiben auf der Tastatur, ein effizientes Kommunikationssystem, Fremdsprachenkenntnisse, sichere geschliffene Umgangsformen. Besprechen Sie das unter vier Augen. Sagen Sie genau, was Sie erwarten. Überlegen Sie gemeinsam, durch welche Maßnahmen sich der Mitarbeiter qualifizieren kann. Checken Sie die Möglichkeiten a) Kollegen um Rat bitten, b) Schulungen außer Haus wahrnehmen, etwa Handelskammer oder Volkshochschule, c) umfangreiche Fortbildungsmaßnahmen durchführen (Wer finanziert die? Kann man es dem Mitarbeiter zumuten, sie selbst zu finanzieren?), d) Aufgabenbereiche delegieren, in denen schlechte Leistungen erbracht werden.

Was können Sie
als Kollege tun?

Sie haben es nicht leicht in Ihrer Firma. Sie sind notorisch überlastet. An einen pünktlichen Feierabend wagen Sie gar nicht zu denken. Sie sind pflichtbewusst und würden eine Arbeit nie schlecht beenden, nur damit Sie nach Hause kommen. Sie kennen Ihre Materie aus dem Effeff. Aber Sie sind mit Arbeit überreichlich eingedeckt. Mit Ach und Krach kommen Sie über die Runden. Die Arbeit macht Ihnen ja auch Spaß. Sie verdienen gut und Sie tun, was Sie gelernt haben und gern tun.

Und nun das neue Projekt. Sie müssen im Team arbeiten. Das funktioniert auch wunderbar. Wenn nur Kollege A nicht wäre! Immer voll mit den besten Ideen, am liebsten jeden Tag ein anderes großes Ding aufziehen, aber wenn's ans Eingemachte geht, sind Sie dran. Er will alles Mögliche machen, aber kann es nicht. Er merkt nicht einmal, dass er alles behindert. Er hält Termine nicht, er ist unzuverlässig, er sagt Dinge zu, die er anschließend nicht einhält, wodurch Ihre eigenen Termine ins Wanken kommen ... Kurz und gut: mit diesem Klotz am Bein können Sie nicht weiterarbeiten.

Irgendetwas muss geschehen.

Vorschlag 1: Bestimmen Sie die Typen
➤ Lesen Sie noch einmal die Testfragen ab Seite 33 (Entdecken Sie Ihre seelische Grundstruktur) und überlegen Sie dann, was Ihr Kollege ankreuzen würde. Was für ein Typ ist er? Was können Sie überhaupt von ihm erwarten? Gehört er vielleicht zu den Enthusiasten, die ständig neue Ideen im Kopf haben und nichts zu Ende bringen? Gehören Sie zu den Helfern und Kontrolleuren, die immer sehen, wo etwas nicht stimmt, und es in Ordnung bringen? Sehen Sie sich und den schwierigen Kollegen in diesem Muster. Das schafft etwas Abstand.

Vorschlag 2: Überlegen Sie sich, was Sie hinnehmen können

➤ Wenn Sie sich zu oft gestört fühlen, wenn Ihnen »stinkt«, dass Sie immer die langweiligen Routinearbeiten zu Ende machen können, während Ihr Kollege die tollen Ideen verkauft, dann überlegen Sie, wo Sie die Grenze ziehen wollen. Beschließen Sie, dass Sie nicht, nur weil Sie nett sein wollen, diese ständigen Angriffe auf Ihr inneres Gleichgewicht ertragen.

Vorschlag 3: Überlegen Sie eine Form der Aussprache

➤ Eine Form der Aussprache ist, dass Sie grundsätzlich sagen, was Ihnen an der Form der Teamarbeit nicht zusagt. Möglicherweise war Ihr Kollege der Ansicht, er hätte immer wunderbar und punktgenau gearbeitet. Ihm war gar nicht klar, welche Belastung sein Arbeitsverhalten für Sie darstellt. Wenn Sie aber das Gefühl haben, Ihr Kollege kann mit solchen grundsätzlichen Anmerkungen nichts anfangen und alles würde wie bisher weiterlaufen, nur mit einem Missklang dabei, dann

➤ Korrigieren Sie jede »Grenzübertretung«. Sie wissen, was Sie hinnehmen wollen und was nicht. Wenn Kollege A sagt, er liefert bis morgen früh um acht, und Sie brauchen die Sachen auch um acht, aber es kommt nichts, dann sagen Sie schon am Vorabend: »Morgen früh um acht erwarte ich dein Material.« – Ist das zwecklos, dann

➤ Setzen Sie »taktische Termine«. Sie wissen, Sie brauchen die Sachen bis übermorgen um acht. Sie wissen auch, Kollege A kriegt nichts pünktlich auf die Reihe. Bitten Sie ihn, die Sachen bis morgen um acht fertig zu haben. Dann haben Sie es wenigstens übermorgen.

Vorschlag 4: Bieten Sie dem Kollegen einen Rahmen

➤ Menschen wie Sie sind möglicherweise so stabil, wie Kollege A gern wäre. Nur kann er nicht aus eigener Kraft in diesen Zustand geraten. Er bringt es nicht fertig, jeden Morgen pünktlich seine Arbeit zu beginnen. Er kann einzelne Arbeitsabschnitte nicht abschließen. Er findet kein Ende. Er verzettelt sich. Und er kann es allein nicht abstellen. Wenn er aber mitbekommt, wie es Ihnen gelingt, regelmäßig zu arbeiten, hat er ein Vorbild. Helfen Sie ihm, indem Sie mehrmals am Tag sich kollegial erkundigen, was er abgeschlossen hat. So geben Sie ihm die Chance, Erfolgserlebnisse zu präsentieren.

Vorschlag 5: Wenn Sie etwas besser können
➤ Sie sehen, wie sich Kollege A mit langen Additionen und Multiplikationen herumquält. Er verliert sehr viel Zeit dabei und arbeitet darüber hinaus fehlerhaft. Sagen Sie, ohne konkreten Bezug zu seiner eigenen Arbeit: »Schau mal, ich habe mir hier diese Excel-Tabelle eingerichtet. Die kann addieren, multiplizieren und sogar Daten von einer Datei in die andere übertragen. So bin ich mit meiner Statistik immer auf dem neusten Stand.« Klicken Sie dem Kollegen A vor, wie das Programm bei Ihnen läuft. Beeindrucken Sie ihn. Zeigen Sie ihm, wie leicht es funktionieren kann. Wecken Sie sein Interesse, ebenfalls so zu arbeiten wie Sie. Bieten Sie ihm an, dass Sie ihn unterstützen, wenn er sich auch eine Excel-Datei einrichten will. (Das Beispiel ist beliebig austauschbar.)

Vorschlag 6: Holen Sie sich Unterstützung
➤ Wenn die Belastung für Sie und Ihre Arbeit zu groß wird, holen Sie sich Rat und Unterstützung. Es geht nicht darum, zu »petzen« oder jemanden anzuschwärzen, sondern darum, dafür zu sorgen, dass Ihre Projekte und Ihre innere Ausgeglichenheit nicht zu sehr leiden. Sprechen Sie die Sache bei einem vertraulichen Gespräch mit dem Betriebsrat, dem Betriebsarzt oder -psychologen an, eventuell auch mit Ihrem Chef. Hören Sie sich an, wie andere die Situation beurteilen und welche Vorschläge zur Lösungsfindung sie Ihnen bieten können.

Hier sind einige Sätze, mit denen Sie Ihre Arbeitsstruktur immer wieder festigen können. Ihr »Kleiner Mann« soll sie Ihnen ins Ohr flüstern!

Beim Grübeln: (☹ »Soll ich das nun machen oder soll ich nicht?«)

☺ Fang einfach an!

Bei Unpünktlichkeit: (☹ »Hier kann ich ruhig etwas später kommen«)

☺ Du erwartest von anderen Pünktlichkeit, also sei selbst auch pünktlich.

☺ Dein neues Image ist: »Aha, A ist auch schon da. Wie immer pünktlich und gut vorbereitet.«

☺ Dein jetziger Termin ist wichtig. Sei aber auch beim nächsten pünktlich.

☺ »Fünf Minuten vor der Zeit ist die wahre Pünktlichkeit!« (Altmodisch, aber gut!)

Jeden Morgen: Hast du schon ...

☺ deine Liste mit Tagesaufgaben erstellt?

☺ deine Prioritäten festgelegt? (»Was ist das Wichtigste heute früh?«)

☺ deine Zeitplanung festgelegt?

☺ deine Belohnung für den Abend bestimmt?

Beim Herumtrödeln: (☹»Ich habe ja noch Zeit! Nur keine Hektik!«)

☺ Was ist das Wichtigste? Mach das Wichtigste zuerst!

☺ Sieh zu, dass du fertig wirst.

Bei Krisen: (☹ »Jetzt ist alles kaputt!«)

☺ Bewahr die Ruhe und such dir Hilfe.

☺ Finde heraus, wer dir jetzt helfen kann, und bitte um Hilfe.

☺ Bis wohin ist die Arbeit intakt?

☺ Wo kannst du wieder ansetzen und weitermachen?

☺ Hast du dich immer genügend belohnt?

Bei Orientierungslosigkeit (☹ »Ich sehe keinen Anfang und kein Ende.«)

☺ Schreib alles auf, was zum Thema gehört.

☺ Schreib eine Eins vor das Wichtigste.

☺ Mach das Wichtigste zuerst.

☺ Arbeitest du mit einem guten Team zusammen?

☺ Stören dich unerledigte Sorgen bei der Arbeit?

☺ Hast du dich auch immer belohnt?

Bei Überfülle guter Einfälle: (☹»Vor lauter guten Gedanken wird überhaupt nichts fertig.«)

☺ Mach nur ein Projekt zur Zeit fertig (»Klotzen, nicht kleckern«).

☺ Notiere gute Einfälle in einem »Ideenbuch«.

☺ Führe sie anschließend aus.

Bei Strukturlosigkeit: (☹ »Ich sehe den Wald vor lauter Bäumen nicht mehr.«)

☺ Mach eine kleine Pause.

☺ Unternimm etwas Schönes in dieser Pause.

☺ Dann sieh noch einmal nach: Was ist das Wichtigste?

☺ Was ist das Ziel? Worauf kommt es an?

☺ Erledige das Wichtigste.

☺ Trödele nicht.

Bei Überlastung: (☹»Dafür habe ich gar keine Zeit.«)

☺ Finde »tote« Zeitabschnitte in deinem Tagesablauf.

☺ Steigere dein Arbeitstempo.

☺ Sprich weniger, sag mehr.

☺ Fasse dich kurz!

☺ Geh genau auf dein Problem zu.

☺ Mach keine Umwege.

☺ Suche Entlastung für Zusatzarbeiten.

Bei Niedergeschlagenheit: (☹»Dafür bin ich zu blöd.«)

☺ Brauchst du eine Pause?

☺ Bist du ausgebrannt?

☺ Wer und was könnte dir jetzt gut tun?

☺ Wie lautet die Aufgabe?

☺ Kannst du sie wirklich nicht bewältigen?

☺ Willst du dir eine andere Aufgabe stellen?

☺ Was musst du umstrukturieren?

☺ Lass nicht zu, dass dich irgendjemand beschimpft!

Bei zu vielen Ratschlägen: (☹ »Jetzt weiß ich gar nicht mehr, was richtig ist und was ich tun soll.«)

☺ Tu einfach, was du für richtig hältst.

☺ Auch aus Fehlern kannst du lernen.

☺ Verlass deine »Komfortzone« und tu es!

Bei Unschlüssigkeit: (»☹ Wie soll ich dieses Ziel erreichen?«)

☺ Betrachte deine Fähigkeiten.

☺ Setz dir ein Ziel.

☺ Berechne die benötigte Zeit.

☺ Stell dir entsprechende Aufgaben.

☺ Arbeite regelmäßig.

☺ Halte Pausen ein.

☺ Belohne dich für gute Leistungen.

☺ Freu dich an deinem Erfolg!

Bei Ziellosigkeit: (☹ »Wohin führt diese Arbeit mich eigentlich?«)

☺ Kennst du deine Aufgabe genau?

☺ Hör zu, was die anderen zum Thema sagen.

☺ Stelle genaue Fragen.

☺ Unterscheide das Wichtige vom Unwichtigen.

☺ Nimm Veränderungen gleichmütig hin.

☺ Gib Fehler zu.

☺ Drück dich einfach aus.

☺ Bewahr die Ruhe.

☺ Lächele.

Dank

Ein Buch wie dieses ist immer das Ergebnis unzähliger Begegnungen, Kontakte, auslösender und weiterführender Gespräche, für die ich zu danken habe. Den ersten Anstoß gab die Arbeit an einem Artikel in der *Frankfurter Rundschau* für Martina I. Kischke, bei dem mich Sebastian Krutzenbichler auf das Thema »Neurotische Arbeitsstörungen bei Hausfrauen« aufmerksam gemacht hatte. Aufgrund zahlreicher Ermutigungen, vor allem von meinen Freunden bei Kösel, Dagmar Olzog und Gerhard Plachta, sowie von Ulli und Jobst Krautheim in Gießen, begann ich die Arbeit an diesem Buch. Ganz herzlich danke ich Sebastian Krutzenbichler und seinem Netphener Team für die unschätzbaren Einblicke in ihre Arbeit; intensive Gespräche und Anregungen verdanke ich insbesondere Maria Czell, Manfred Klostermann, Andrea Euler, Matthias Dignass, Andrea Reinhold, Antje Peters und Susanne Paul. Sieglinde Kammerer und Ingrid Klöckner ließen mir jede erdenkliche Hilfe zuteil werden. Monika Gaulke und Bodo Niemeyer sowie zahlreichen ungenannten Betroffenen danke ich für ausführliche Situationsschilderungen. Franz Füchtenschnieder habe ich für praktische Anwendungsbeispiele aus dem Arbeitsleben zu danken, Klaus-Peter Blum für Ideen zu Strukturen und Arbeitsorganisation. Matthias Kosch, Frank-Michael Wessel und Elke Sagenschneider danke ich für eingehende Diskussionen um das Manuskript.

Mario Vargas Llosa und Louis Begley danke ich, dass sie mir Einblick in ihre Arbeitsweise gewährten. Siegfried Lenz gestattete mir freundlicherweise, seinen Siggi Jepsen aus der *Deutschstunde* als »Fallstudie eines Menschen mit Arbeitsblockaden« vorzustellen.

Für die in Zusammenhang mit diesem Buch entstandene Sendung beim DeutschlandRadio Berlin danke ich Konrad Franke und Peter Kirsten sowie den vielen Beteiligten, die eine solche Sendung immer erst möglich machen, darunter beim NDR Hamburg Ursula Voß, Dietmar Fuchs, Wolfgang Dierks, Gertrud Heintze, Jutta Liedemit, Martin Hansen und den vielen Kollegen in der Technik, die immer auch kritisch mithörten und prüften, ob man »es so sagen könnte«.

Axel Martens, Siamak Tavafi und Jürgen Gaschler danke ich für ihre Unterstützung im Umgang mit bits und bytes. Und schließlich machte meine fantasievolle und aufmerksame Lektorin Heike Mayer aus dem Manuskript ein schönes Buch. Meine Kinder Linda und Janus erinnerten mich dankenswerterweise immer wieder an dessen Inhalt.

Kontakt

Wenn Sie mehr über den Umgang mit Arbeitsblockaden erfahren wollen oder sich für einen Workshop zum Thema interessieren, wenden Sie sich an Claudia Guderian, Institut für die Erforschung von Arbeitsstörungen (www.ifeva.de oder post@ifeva.de).

Anregungen und weiterführende Literatur

Zum Thema »Konzentrationsstörungen«

Literatur:
KASTEN, E. ($^{+}$2002): *Lesen, merken und erinnern. Übungen für Vergessliche und Ratschläge für Angehörige und Therapeuten.* Dortmund: Borgmann
LEHRL, S., LEHRL, M., WEICKMANN, E. (1994): *3 x Mat. Einführung und Übungen zum Mentalen AktivierungsTraining.* Ebersberg: Vless
Übungen: (nicht mehr als 15 Minuten täglich)
allein: Kreuzworträtsel lösen
in der Gruppe: einen Zeitungsartikel lesen und 20 Fragen dazu beantworten, anschließend nacherzählen und bestimmte 10 Stichworte darin vorkommen lassen
oder ein Spiel spielen, etwa *Wer wird Millionär* (Günther Jauch), *Kofferpacken* (»Ich packe in meinen Koffer ...« A, A+B, A+B+C, A+B+C+D usw.) etc.

Zum Thema »Schuld und Schuldgefühle«,

ihre vielfachen Ursachen und Entstehungsmöglichkeiten das umfassende Lehrbuch von
HIRSCH, M. (^{3}2002): *Schuld und Schuldgefühl. Zur Psychoanalyse von Trauma und Introjekt.* Göttingen: Vandenhoeck & Ruprecht

Zu »Traum«, »Traumbildern«,

sowie der Frage, warum man Dinge tut, die man eigentlich nicht meint (Fehlleistungen), und zum »kleinen Mann im Ohr«
FREUD, S. (1989): *Vorlesungen zur Einführung in die Psychoanalyse.* Frankfurt am Main: Fischer Taschenbuch. Original: London (1940): Imago

Zum Thema »Messie«

Bei Schwierigkeiten, wieder Ordnung im Haushalt herzustellen, helfen die Bücher von Sandra Felton, die sich ausführlich mit dem Thema *Messie* beschäftigt hat:

FELTON, S. (³1996): *Im Chaos bin ich Königin. Überlebenstraining im Alltag.* Moers: Brendow

FELTON, S. (²1996): *Im Chaos werden Rosen blühen. Tips und Tricks für Messies.* Moers: Brendow

FELTON, S. (1996): *Ohne Chaos geht es auch. Das ultimative Praxisbuch für Messies.* Moers: Brendow

FELTON, S. (1997): *Laß uns das Chaos überleben. Hilfe für Menschen, die mit Messies leben.* Moers: Brendow

FELTON, S. (1998): *Das Chaos ist besiegt. Mit Kreativität und Pfiff den Alltag im Griff.* Moers: Brendow

FELTON, S., JÜNTSCHKE, A. (2000): *Endlich weg mit dem Ballast. Wege aus dem Messie-Chaos.* Moers: Brendow

Grundsätzliches zu diesem ernsten Thema schreiben

DETTMERING, P., PASTENACI, R. (2002): *Das Vermüllungssyndrom. Theorie und Praxis.* Eschborn: Dietmar Klotz

Hilfe bei schweren Arbeitsstörungen:

Tagesklinik Netphen in der Klinik Wittgenstein
Talstr. 28
57250 Netphen
(Dipl.-Psych. Sebastian Krutzenbichler)

Hartwald-Klinik
34596 Bad Zwesten
Programm für Arbeitsstörungen bei Führungskräften (Peter Berger)

Register